아이디어 끝판왕! 이종대왕의

수업, 놀이를 제대로! 만나다

아이디어 끝판왕! 이종대왕의

수업, 놀이를 제대로! 만나다

제1판 제1쇄 발행 2020년 02월 27일
제2판 제1쇄 발행 2023년 05월 15일

지은이 이종혁　　**펴낸이** 조헌성　　**펴낸곳** (주)미래와경영
ISBN 978-89-6287-230-9 03370 **값** 24,000원
출판등록 2000년 03월 24일　제25100-2006-000040호
주소 (08590) 서울특별시 금천구 가산디지털1로 84, 에이스하이엔드타워 8차 1106호
전화번호 02) 837-1107　　**팩스번호** 02) 837-1108
홈페이지 www.fmbook.com　　**이메일** fmbook@naver.com

■ 좋은 책은 독자와 함께합니다.
　책을 펴내고 싶은 소중한 경험이나 지식, 아이디어를 이메일 fmbook@naver.com로 보내주세요.
　(주)미래와경영은 언제나 여러분께 열려 있습니다.

아이디어 끝판왕! 이종대왕의

수업, 놀이를 제대로! 만나다

이종혁 지음

PROLOGUE

> ❝

마음을 얻어라. 그다음에 가르쳐라

대다수 선생님들은 아이들의 마음을 얻는 것이 학급경영의 핵심임을 공감할 것입니다. 저 또한 아이들의 마음을 얻기 위해 다양한 방법으로 노력했습니다. 그래서 여러 학급경영 이론들과 선배 교사들의 노하우를 바탕으로 저만의 학급경영법을 탐색했습니다. 그리고 깨닫게 되었습니다. 결국 학생들과 보내는 대부분의 시간은 '수업시간'이며 이것이 바로 학급경영의 핵심이라는 것을요.

'좋은 수업을 하면 아이들은 자연스럽게 선생님을 따라온다'

좋은 수업을 할 수 있는 교사가 되기 위해 부단히 애썼습니다. 매일 매 차시의 수업을 모두 준비했습니다. 교사 커뮤니티에서 수업 PPT를 다운받아 가공해서 쓰는 것은 기본이며, 한 차시의 수업을 위해 직접 3~4시간씩 자료를 만들었습니다. 또한 오래된 예능 프로그램까지 뒤지며 재미있는 동기유발을 위해서 애썼습니다.

> ❝

PATIENT

교직 경력 2년 차 때 제 인디스쿨 닉네임을 'PATIENT'로 바꿨습니다. PATIENT는 '환자'라는 뜻으로 교재 연구에 중독된 제 모습을 잊지 않기 위해 위와 같은 닉네임을 쓰게 되었습니다.

다른 뜻인 '참을성 있는'처럼 인내심을 가지고 끝까지 교재 연구를 해보자는 의미 또한 내포하고 있지요. 그리고 닉네임 밑에 다음과 같은 대화명을 항상 달아놓았습니다.

'교재 연구가 취미예요'

저는 교재 연구를 열심히 하는 제 자신이 참 자랑스럽기도 했지만 꼭 할 수밖에 없는 과업으로 느껴지기도 했습니다. 수업 준비를 열심히 한 날은 아이들이 집중을 잘하고 배우는 것을 즐거워했으며 제 말을 잘 따랐습니다. 아이들은 수업시간을 즐거워하였으며 쉬는 시간이 되어도 수업을 이어 가자고 할 때가 많았습니다. 그런 아이들의 모습에 행복과 보람을 느끼고 마치 힐링하는 기분까지 들었습니다.

하지만 개인 사정으로 인해 수업 준비를 제대로 못한 날은 아이들이 공부를 지루해하는 것이 눈에 띄게 보였고, 집중하지 못하는 아이들을 지적하는 일이 잦았습니다. 자연스럽게 제 기분도 시무룩해지고 그날 저녁까지도 약간의 우울함을 안고 있었습니다. 그래서 교재 연구를 매일 할 수밖에 없었습니다. 그러다 문득 생각이 들었습니다.

" 매일 매 차시의 수업을 평생 준비할 수 있을까?

경력이 쌓여도 자료 제작에 소요되는 시간이 특별히 줄어들지 않았습니다. 패턴이 생기며 익숙해지긴 했지만 여전히 5년 차가 지나도 하루에 2~3시간, 주말에도 4~5시간은 투자해야 한 주의 수업을 모두 준비할 수 있었습니다. 그러다 나이를 먹을수록 다른 여러 가지 일들로 삶이 바빠질 텐데 지금처럼 수업 준비를 철저히 할 수 있을까 의문이 들었습니다. 결국 수업 준비가 되지 않은 상태에서 아이들을 만나는 시간이 많아지겠다는 생각에 덜컥 겁이 났습니다. 20년 차 이상이 되었을 때 하루하루를 근근이 버텨나가는 '하루살이' 선생님이 되는 것은 아닐까 걱정이 되었습니다.

'맨손수업의 달인'

PPT나 학습지 등의 자료를 제작하거나 다운받는 방식으로 모든 수업을 준비하는 것은 사실상 불가능하다는 것을 깨달은 뒤 별다른 준비 없이도 좋은 수업을 할 수 있는 맨손수업의 달인이 되기로 결심했습니다. 그리고 맨손수업의 핵심요소인 '발문의 달인'이 되기 위해 노력하기 시작했습니다. 하지만 발문의 달인이 되는 길은 쉽지 않았습니다. 노력과 연습만으로 어느 정도 실력이 향상되었으나 타고난 기질(화술, 유머감각 등)이 필요함을 절실히 깨닫게 되었습니다. 아쉽게도 저는 타고난 기질이 부족한 편이었기 때문에 다른 종류의 달인이 되기로 결심했습니다.

'수업활동의 달인'

학습주제만 봐도 적절한 활동이 떠오르고 적재적소에 학습활동을 구상, 배치, 응용까지 할 수 있다면 별다른 준비 없이도 쉽게 아이들의 마음을 사로잡고 즐거운 수업이 가능하겠다는 생각이 들었습니다. 다양한 활동을 할수록 양적·질적으로 성장할 수 있기 때문에 노력으로 충분히 수업활동의 달인이 될 수 있겠다는 자신감을 얻게 되었습니다.

'NO FILTERING'

수업활동의 달인이 되기로 결심한 이후 교사 커뮤니티에 탑재된 2001년 자료부터 차근차근 책 읽듯이 정독하기 시작했습니다. 그리고 현재 가르치는 주제에 적용할 수 있는 것들은 필터링 없이 모두 수업활동으로 옮겼습니다. '이게 과연 재미있을까?', '무슨 의미가 있을까?' 의구심이 드는 것들도 일단 아이들과 적용해본 뒤 판단하기로 했습니다. 분명 아이디어를 올린 선생님들은 아이들과 좋은 수업을 했기 때문에 용기를 내서 활동을 추천했을 것이라는 생각이 들었기 때문입니다. 예상과 다르게 아이들이 정말 즐거워하였고, 유의미한 학습이 일어나는 것을 보면서 깊이 반성하게 되었습니다. '감히 선생님들의 아이디어를 함부로 판단하지 말자.', '아이들의 눈높이를 알고 있다는 착각을 버리자.'라고 말이죠. 그렇게 10년 동안 교사 커뮤니티에 소개된 대부분의 활동들을 모두 아이들에게 적용했습니다.

TV 이종대왕

    수많은 활동을 직접 해 보며 점점 저만의 학습활동이 생기기 시작했습니다. 또한 기존 활동의 단점을 보완하며 이상적인 수업활동을 구상할 수 있게 되었고, 여러 활동의 장점만을 모아 새로운 학습놀이를 창작할 수 있게 되었습니다. 그렇게 TV 이종대왕은 시작되었습니다. 2018년 5월 '교실피구'를 업로드한 것을 시작으로 2019년 12월까지 거의 100개에 가까운 콘텐츠를 매주 1회 업로드하고 있습니다. 주로 교실놀이 콘텐츠를 다루고 있지만 제가 가장 자신 있는 학습놀이 콘텐츠들도 틈틈이 업로드하고 있습니다.

    이번 책에서는 그동안 축적한 수업활동을 마음껏 소개하고자 합니다. 또한 매끄러운 수업 진행에 도움이 되는 팁(Tip)과 기존에 업로드하였던 놀이들의 변형 게임을 함께 만나보실 수 있습니다. 수업 진행 영상은 수록된 QR코드를 통해 필요할 때 언제든지 활용하기 바랍니다.

Contents

PART 02 개입 NO! 학생 스스로 활동하는 수업놀이

PART 03

탈락 No! 모두가 끊임없이 몰입하는 수업놀이

PART 04

정적 NO! 즐거운 수업시간을 만드는 수업놀이

PART 00

그냥 NO!
명심해야 할
여러 가지
원칙들

REVIEW

선생님 유튜브 영상 속 교실 모습을 보고 늘 부러웠는데 이런 팁이 있으셨군요. ㅜㅜ
꿀팁 정말 감사드립니다.

진짜 공감합니다. 부드러우면서도 단호함이 있어야 모두가 행복한 문화가 만들어지지요.
학생도 행복해야 하고 교사도 행복한 한 해를 꿈꾸어 봅니다.

정말 조언 감사드립니다! 제가 그 '단호함'이 없어서 작년 일 년 내내 힘들었는데요~.
올해는 마음 단단히 먹고 선생님 방법 적용해볼게요!

마음이 약해서 넘어가다 보니 오히려 상황이 더 악화되는 경우를 겪었어요. 단호함!
적절한 노하우 잘 배워갑니다. 감사합니다.

- '심판이 아닌 인성교육자로서의 교사의 역할' 글에 대한 교사 커뮤니티 댓글 후기 중

교사와 학생 모두에게
좋은 수업활동

좋은 수업활동은 어떤 활동일까요? 선생님들마다 생각이 다르겠지만 수많은 활동을 실시하고 얻은 깨달음은 다음과 같습니다.

학생들이 선호하는 수업활동	교사가 선호하는 수업활동
'재미'	'준비가 최소화된 활동' '교사의 개입과 진행이 최소화된 활동' '바로 떠먹을 수 있는 활동'

학생들은 기본적으로 재미가 있어야 수업활동에 집중합니다. 요즘 같은 5G시대에서는 특히 그렇습니다. 조금만 지루해지면 학생들은 흥미와 집중력을 잃게 됩니다. 일단 재미있고 볼 일입니다.

교사들은 준비가 최소화된 활동을 선호합니다. 아니, 선호해야 합니다. 아무리 좋은 수업이라도 준비할 것이 많다면 일회성으로 할 수밖에 없습니다. 우리 교사들은 하루에 한 시간만 수업하는 것이 아니라 4시간 이상을 매일 수업합니다. 1년의 길고 긴 교육과정을 고려할 때 한 시간을 위해 오랜 시간을 투자하는 수업은 적절하지 않습니다.

교사의 개입과 진행이 최소화된 활동이 좋습니다. 반대로 얘기하면 학생 주도적 활동입니다. 학생들은 교사의 진행과 개입 없이 스스로 활동할 수 있을 때 주도적으로 학습을 이끌어나갈 수 있고 사고력, 창의력 등이 극대화됩니다. 교사가 시작부터 끝까지 개입하고 주도하는 활동에서는 학생들이 수동적 학습자가 될 수밖에 없으며 사고의 범위가 제한됩니다. 또한 교사 입장에서도 끊임없는 개입과 진행은 심신을 지치게 하여 결국 일회성으로 끝나게 됩니다.

바로 떠먹을 수 있는 활동이어야 합니다. 미리 준비가 되어 있지 않아도 교과서를 펼치자마자 바로 떠올리고 적용할 수 있는 활동이 좋습니다. 준비부터 진행까지 모든 과정에 학생들이 스스로 참여할 수 있도록 해야 합니다.

매일 매 차시의 수업을 철저하게 준비하는 것은 사실상 불가능합니다. 일과 시간뿐 아니라 퇴근 후의 시간, 그리고 주말 및 방학까지도 교재 연구에 매진해온 제가 보증할 수 있는 말입니다. 따라서 위의 좋은 수업활동의 기준을 명심하고 준비한다면 효율적이면서도 알찬 수업시간을 운영할 수 있습니다.

이렇듯 학생과 교사의 요구를 모두 충족시키는 수업활동을 지금부터 '수업놀이'라 칭하고, 총 77가지의 수업놀이를 소개하고자 합니다.

심판이 아닌 인성교육자로서
교사의 역할

> ## 어른들의 규칙과 교육적 의도를 피하고 순수한 힘에 놓아두는 데 의의가 있다

　슈타이너가 내린 자유놀이의 정의입니다. 온전히 아이들끼리만 놀 때 자유롭게 놀 수 있다는 것에는 동의합니다. 하지만 지금 시대에는 불편한 정의입니다. 아이들이 마음껏 뛰어놀 수 있는 들판과 초원에서는 가능한 이야기겠지만 주위 어디를 둘러봐도 그런 공간은 없습니다. 아이들끼리 놀이하다 치고받고 싸워도 부모님들이 시원시원하게 넘어가는 시대라면 가능한 이야기겠지만 조그만 상처에도 쉽게 넘어가지 않는 것이 현실입니다.

　학교도 마찬가지입니다. 학교에서 아이들을 마음껏 뛰어놀게 할 수 있는 공간이 있을까요? 교사의 개입 없이 자유롭게 놀다가 다치면 누가 책임져야 할까요? 아이들끼리만 놀다가 다치면 그 책임은 또 누가 져야 할까요? 결국 철저한 교사의 개입과 감독하에 놀이를 진행해야 합니다. 또한 놀이의 의도를 분명하게 학생들에게 전달해야 합니다.

> ## 자 ~ 이번 시간에는 놀이를 하겠습니다 !

　선생님이 가장 지양해야 할 말입니다. 아이들은 놀이에서 질 것 같을 때 분명 재미없다, 하기

싫다, 다른 걸 하자고 말하곤 합니다. 공부가 아니라 말 그대로 놀이라고 인식하기 때문이죠. 선생님들이 한 번쯤은 꼭 들어본 적 있는 혈압 오르는 말입니다.

❝ 이번 시간은 학습활동을 하겠습니다

놀이의 목적을 분명하게 해야 합니다. 학습활동이라는 점을 분명히 한다면 학생들은 선생님의 재미있는 수업 진행을 감사해하게 됩니다. 수업 시간에 학습지를 하거나 수학익힘책을 풀어야 할 수도 있는데 재미있는 학습활동을 하다니! 아이들은 자연스럽게 재미를 느끼고 감사한 마음을 갖게 됩니다. 재미없다든지 다른 거 하자는 말은 넣어두게 되죠.

"다른 거 하자고? 그래. 그럼 학습지로 대신하자." "......"

참고로 교실놀이를 하실 때는 '인성교육'이라는 점을 각인시켜주세요. 학습지나 도덕책으로 배울 수 있는 인성교육을 놀이로 한다고 인지시켜준다면 어떤 놀이든 열심히 하게 됩니다.

❝ 놀이와 인성교육의 접목

두루뭉술하게 놀이의 효과를 열거하지 않겠습니다. 실제로 놀이할 때 어떤 점에 초점을 두고 인성교육을 해야 하는지 말씀드리겠습니다.

"놀이의 생명은 규칙이다" - 요한 하이징하

선생님은 놀이를 진행할 때 심판이 되어야 합니다. 반칙을 하는 학생들을 엄격하게 지적해야 아이들이 행복하게 놀이에 집중할 수 있습니다. 선생님도 아이들과 함께 즐기자는 태도로 진행을 하면 일부 아이들은 난처한 상황에 놓이게 됩니다. 규칙이 철저하게 지켜져야 모두가 행복한 놀이를 할 수 있습니다.

심판이 아닌 인성교육자로서의 역할

하지만 단순히 반칙을 언급하는 것은 그저 심판에 불과할 뿐입니다. 반칙은 주로 양심을 어기거나 지나친 승부욕에서 발생합니다. 반칙을 한 학생에게 "반칙!"이라고 말하는 것보다 '양심을 어기는 행위' 또는 '지나친 승부욕을 보인 행위'로 미리 규정하는 것이 좋습니다. 단순히 규칙 준수 여부를 가리는 심판이 아닌 놀이 분위기와 문화를 조성하는 인성교육자로서의 역할을 하는 것입니다.

아래는 놀이 문화를 저해하는 5가지 요소입니다.

1. 심판 개입(학생의 본분을 망각한 행동)

"누가 반칙했어요.", "선생님, 저 반칙 아니에요." 등의 말 많이 들어보셨죠? 가장 경계해야 할 요소입니다. 이런 행동들을 하나하나 들어주기 시작하면 놀이가 산으로 가기 시작합니다. 놀이에 집중해야 할 아이들은 누가 반칙했는지에 더 주의를 기울이게 되고 선생님은 판정에만 집중할 수밖에 없기 때문입니다. 결국 아이들끼리 싸우거나 선생님이 화가 나 놀이를 끝내거나 둘 중 한 가지 사건이 꼭 터지기 마련입니다.

따라서 심판 판정에 개입할 시 엄중히 경고함을 공지해주세요. 축구나 야구 등 스포츠 경기에서 심판 판정에 개입하거나 불복할 경우 즉시 경고를 받거나 퇴장해야 한다는 사실을 예로 들면 쉽게 수긍합니다. 그리고 사소한 한마디 "누가 반칙했어요." 등의 말을 흘려듣지 마시고 바로 경고를 주세요.

2. 비난(남을 배려하지 못한 행동)

비난의 위험성은 잘 아시리라 생각합니다. 또한 비난뿐만 아니라 친구에게 이래라저래라 참견하는 학생들까지도 경고를 주어야 합니다. 겉으로 봐선 친절한 조언이라도 그것을 듣는 입장에서는 부담이 느껴질 수 있기 때문입니다.

3. 양심

양심은 주로 두 가지 경우에서 지적합니다. 반칙을 하는 경우와 일부러 술래가 되고 싶어 아웃되는 경우입니다. 특히 피구와 같은 경기에서 일부러 빨리 아웃되고 수비 위치로 가고 싶어하는 학생들이 있습니다. 혼자 수비수가 되면 공을 많이 잡을 수 있기 때문이죠. 원 대형 놀이에서 일부러 의자에 앉지 않고 술래가 되려는 학생도 많습니다. 이때에도 역시 인성 요소 중 양심을 이야기하며 엄중히 경고합니다.

4. 불성실

여러 가지 이유로 불성실하게 참여하는 학생입니다. 지금은 놀이가 아닌 수업시간이자 인성교육시간임을 강조하며 성실하지 않게 참여하는 학생들 역시 경고합니다.

5. 재미없어(놀이의 목적을 망각한 행동)

앞서 언급했듯이 놀이의 목적을 분명하게 한 뒤 재미없다고 말하는 학생들에게는 재미가 아닌 '학습' 또는 '인성교육'임을 강조하며 놀이의 목적을 상기시켜줍니다.

생각의 공간

위의 5가지 요소 중 한 개라도 지키지 않았을 때 경고를 줍니다. 그리고 경고를 3번 받은 학생은 '생각의 공간'으로 가도록 합니다. 생각의 공간은 교실 모서리에서 3~5분간 생각 후 선생님께 자신의 잘못을 이야기해야 게임으로 복귀할 수 있는 규칙입니다. 인성교육이기 때문에 자신의 행동을 되돌아보는 시간은 꼭 필요합니다.

"

서투른 교사는 나를 따르지 않는 한두 명에 집중하고,
훌륭한 교사는 나를 따르는 여러 명에 집중한다

트러블을 일으킨 한두 명 때문에 전체 학생들을 혼내거나 활동을 중단한 적 있으신가요? 몇몇 학생들 때문에 말 없이 규칙을 착실하게 지키는 나머지 학생들을 놓치지 마세요. 선생님이 단호하게 위 규칙들을 적용해야 선생님을 따르는 대다수 학생들이 행복해질 수 있습니다. 그리고 점점 선생님의 규칙을 잘 지키는 학생들이 늘어나게 됩니다.

수업활동을 보는 눈

앞서 말씀드린 바와 같이 저는 수많은 활동을 아이들에게 적용해봤습니다. 그 경험을 바탕으로 교사가 진행하기 수월하며 학생들이 모두 즐겁게 공부하기 위해 꼭 피해야 하는 유형들에 대해 정리해보겠습니다.

일부 학생들만 활동하는 유형

가장 피해야 할 조건입니다. 일부 학생들만 활동하고 나머지는 가만히 앉아 대기하게 되면 교사도 힘들며 학생들도 트러블을 일으키기 쉽습니다.

'스피드퀴즈'를 예를 들어 설명해보겠습니다. 교실에서 스피드퀴즈를 할 때 보통 한 모둠씩 앞에 나와 활동을 합니다. 활동 시간은 대략 3분 정도, 한 모둠당 10~12개 정도의 문제를 해결합니다. 그렇게 퀴즈가 끝나면 다른 모둠의 활동을 관전하게 됩니다. 그래서 40분 수업 중 고작 3분 정도만 활동을 할 수 있으며, 1명당 3문제, 많게는 4문제 정도만 해결하게 되어 굉장히 비효율적입니다.

또한 먼저 활동을 끝낸 모둠은 나머지 모둠이 활동할 때까지 그저 앉아서 구경만 해야 합니다. 물론 구경하는 것도 나름 재미있긴 하지만 학생들은 틈이 생기면 옆의 친구와 장난치다 트러블을 일으키기 마련입니다. 교사는 그 장면에 개입하고 지적하다 화가 나게 됩니다. 모처럼 놀이수업을 준비했는데 마음처럼 따라주지 않는 아이들의 모습에 실망감이 드는 것은 당연합니다.

결국 "그만! 모두 교과서 꺼내."라는 멘트를 하게 되고 당분간 놀이는 거들떠보지도 않게 됩니다. 과연 학생들이 잘못한 걸까요? 성인들을 대상으로 게임을 해도 먼저 활동을 끝낸 사람들이 핸드폰을 보거나 옆 사람과 이야기하는 장면은 부지기수입니다. 자신의 차례가 끝났고 더 이상 역할이 없기 때문에 남녀노소할 것 없이 누구나 집중력을 잃게 되는 것입니다. 그러므로 학생들의 잘못이 아니며 진행을 맡은 선생님의 탓도 아닙니다. 틈이 많은 활동 자체의 문제이며 10명이 아닌 20명 이상을 가르쳐야 하는 우리 수업환경의 탓입니다. 따라서 일부 학생들만 활동하는 유형보다 전체가 동시에 끊임없이 참여하도록 하는 것이 실패 확률을 줄일 수 있습니다.

" 탈락하면 더 이상 참여할 수 없는 유형

탈락하면 더 이상 참여할 수 없거나 오랜 시간 활동에서 제외되는 유형은 지나친 승부욕을 불러일으킬 수 있습니다. 학생들은 승패보다 오랜 시간 즐겁게 놀고 싶어 합니다. 하지만 탈락에 대한 두려움은 승부욕을 야기하고 경쟁을 과열시킵니다. 결국 반칙도 자주 하게 되며 이에 화를 내는 학생들이 곳곳에서 속출할 수 있습니다. 모두가 행복하게 즐기기 위해서는 탈락이 없거나 탈락하더라도 금방 다시 활동에 복귀할 수 있는 유형을 선정하는 것이 좋습니다. 그런 유형일수록 진행도 훨씬 수월합니다.

" 교사가 앞에서 '쑈' 해야 하는 유형

분명 교사 연수 때 굉장히 좋았는데 막상 학생들에게 해 보면 시큰둥한 활동들이 있습니다. 곰곰이 생각해보면 진행자의 쇼맨십과 유머감각, 또는 활동에 참여했던 선생님들의 재치에 의해 큰 웃음이 나왔던 활동입니다. 우리는 레크레이션 강사가 아닌 교사이기 때문에 앞에서 소위 '쑈' 해야 하는 유형은 부담될 수밖에 없습니다.

타고난 능력을 가진 교사가 아니고서는 아무리 노력해도 그 재능을 따라가기 힘듭니다. 말보다는 활동 자체에 집중해보세요. 썰렁한 분위기에서 시작됐더라도 재미있는 활동은 학생들이 열광하는 활동입니다.

" 끊임없이 교사가 개입해야 하는 유형

　　준비 단계부터 할 일이 많습니다. 활동이 시작되어도 계속 교사가 개입해야 합니다. 중간중간 무엇인가를 투입하거나 신호를 해야 합니다. 즉, 교사의 진행에 의해서만 활동이 계속 진전됩니다. 이런 유형의 활동들은 한 번은 제대로 할 수 있습니다만 결국 저장목록에서 제외될 확률이 높습니다.

　　우리 교사들은 하루에 한 시간만 수업을 하는 것이 아닌 최소 3~4시간, 많게는 5~6시간을 수업해야 하기 때문에 한 차시의 수업에 너무 많은 물량이 투입되거나 진행에 애를 써야 하는 활동은 그날 하루 전체를 지치게 만들기 마련입니다. 성취감과 뿌듯함은 잠시뿐 준비할 것이 많고 신경 써야 할 것이 많음을 몸소 체험하였기에 더 이상 활용하지 않게 됩니다.

학습 마일리지 제도

　학생들의 집중력을 높이기 위하여 학습 마일리지 제도를 활용해보세요. 각각의 학습놀이에서 정해진 등수 안에 들거나 목표를 달성했을 경우 선생님의 도장(또는 스티커)을 아래 표에 순서대로 채우는 방식입니다. 각 레벨에 도달했을 경우 언제든지 사용 가능한 쿠폰을 갖게 됩니다. 이처럼 별다른 비용과 노력이 들지 않는 보상으로 학생들의 학습놀이에 대한 도전욕구를 극대화할 수 있으며, 더욱 열심히 참여하도록 하는 윤활유가 될 수 있습니다. 또한 선생님께서 꾸준히 학습놀이를 수업에 적용한다면 아이들은 언제나 학습놀이를 할 수 있다는 기대감을 가지게 되므로 일반 수업시간에 대한 집중력도 덩달아 올라가게 됩니다.

　학습놀이는 배운 내용으로 활동하며 수업에 집중할수록 성취도가 올라가기 때문에 마일리지를 채우기 위해 최선을 다하는 학생들의 모습을 쉽게 확인할 수 있습니다. 학습이 부진한 학생들도 열심히 노력을 하거나 운에 따라 등수에 오르는 학습놀이가 많기 때문에 최소 LV4까지 도달할 수 있습니다.

　아래는 예시이며 학생들이 원하는 보상을 조사한 뒤 적절하게 배치하면 더욱 효과적인 학습마일리지 제도를 운영할 수 있습니다.

LV1 일기 면제(1회)	LV2 청소 면제(1회)	LV3 자리 바꾸기(1일)	LV4 급식 1등(1일)	LV5 일기 면제(2회)	LV6 청소 면제(2회)	LV7 자리 바꾸기(2일)	LV8 급식 1등(2일)

<학습 마일리지 제도 예시>

수업놀이 MAP

교과에 따라 학습놀이를 분류하긴 했지만 대부분 모든 교과에 적용이 가능합니다.
참고 정도만 하시길 바랍니다.

각종 놀이에 필요한 학습지나 PPT는 '이종대왕 블로그'에서 다운받으실 수 있습니다.
♣ 이종대왕 블로그 - blog.naver.com/ljh6969

단원 정리활동

놀이 이름	페이지	동영상 QR코드
셀프 스피드퀴즈	60	
점프회전학습	105	
3구역 도전학습	122	
GOGO 전진학습	141	

회전 릴레이퀴즈	148	
피라미드학습	161	
텔레파시 빙고	169	
오리구출작전	175	
집단 스피드퀴즈	184	
야구골든벨	188	
골든벨 올림픽	229	

1~2 차시 전개 및 정리활동

놀이 이름	페이지	동영상 QR코드
컷팅 스피드퀴즈	37	
학습사냥놀이	43	
셀프OX한바퀴	68	
칠판 릴레이퀴즈	75	

찢기빙고	80	
텔레파시퀴즈	88	
셀프 골든벨	95	
오늘의 단어학습	99	
TOP10 짝찾기학습	111	
릴레이 짝찾기	116	
딩고	131	
도둑잡기학습	155	
학습감염놀이	179	
잠자는 코끼리	198	
릴레이 그리기	206	
월드갤러리	217	
라인업학습	257	

변신묵찌빠	262	
히든싱어	266	
콕콕 음표릴레이	269	
인싸아싸찾기	273	

국어교과에 특히 어울리는 학습놀이

놀이 이름	페이지	동영상 QR코드
학습사냥놀이	43	
셀프OX한바퀴	68	
릴레이 짝찾기	116	
오리구출작전	175	
학습감염놀이	179	
야구골든벨	188	
잠자는 코끼리	198	

놀이 이름	페이지	동영상 QR코드
월드갤러리	217	
라인업학습	257	
국어놀이 5종 세트	보너스 영상	

수학교과에 특히 어울리는 학습놀이

놀이 이름	페이지	동영상 QR코드
칠판 릴레이퀴즈	75	
찢기빙고	80	
텔레파시퀴즈	88	
셀프 골든벨	95	
TOP10 짝찾기학습	111	
딩고	131	
도둑잡기학습	155	

사회, 과학교과에 특히 어울리는 학습놀이

놀이 이름	페이지	동영상 QR코드
컷팅 스피드퀴즈	37	
셀프 스피드퀴즈	60	
오늘의 단어학습	99	
점프회전학습	105	
3구역 도전학습	122	
GOGO 전진학습	141	
회전 릴레이퀴즈	148	
피라미드학습	161	
텔레파시 빙고	169	
집단 스피드퀴즈	184	
골든벨 올림픽	229	
변신묵찌빠	262	

예체능, 또는 특별한 영역에 잘 어울리는 학습놀이

	놀이 이름	페이지	동영상 QR코드
미술	릴레이 그리기	206	
	랜덤 릴레이 그리기	211	
	협동 릴레이 그리기	212	
	그림 끝말잇기	221	
음악	히든싱어	266	
	숨은 연주가	268	
	콕콕 음표릴레이	269	
	인싸아싸찾기	273	
	음악놀이 9종 세트	보너스 영상	
역사	국가의 탄생	242	
	삼국교실피구	249	
	교실대첩	252	

전통	전통놀이 5종 경기	278	
학기 초	자기소개 4종 놀이	보너스 영상	
	새학기 3종 놀이	보너스 영상	
	협동놀이 5종 세트	보너스 영상	
	원대형 팀빌딩 5종 세트	보너스 영상	

PART 01

준비 NO!
바로 떠먹을
수 있는
수업놀이

REVIEW

"

실제로 해 보니 학생 수준에 관계없이 모든 학생이 스스로 참여한다는 점이 너무 좋네요!

오늘 한 반을 하루 종일 보결하게 되어서 뭘 해야 할까 고심했는데 선생님 영상 참고해서 1교시는 국어 OX퀴즈로 몸 풀고 2교시 사회 책 보고 학생들이 직접 문제를 출제한 뒤 3교시 에 셀프스피드퀴즈까지 잘 했습니다. 배운 내용 복습하기에 참 유용한 활동이었습니다.

선생님 덕분에 너무 즐거운 사회 시간 보내고 후기 올립니다. 2시간 동안 두 게임을 연달아 진행했는데 쉬는 시간도 필요 없다며... 쉬다 오라고 했더니 제 자리 옆에서 줄을 서 있어서 강제로 쫓아냈어요~ 즐거운 활동 공유 정말 감사합니다.^^

안녕하세요! 올해 임고 보는 예비교사입니다. 4학년 실습 갔을 때 엄청 말 많은 반이어서 수업 엄청 고민했었어요. 그러다가 유튜브에서 선생님이 올려주신 놀이를 우연히 보게 돼서 한번 적용해봤더니 아이들이 정말 좋아했어요. 담임선생님도 엄청 칭찬하셨어요. 덕분에 수업하는 저도 즐거웠고 정말 감사하다고 말씀드리고 싶었어요.

선생님이 권해주신 수업은 늘 성공 100%입니다. 큰 도움받고 있습니다.

- 'PART 01의 수업놀이'에 대한 교사 커뮤니티 댓글 후기 중

"

 컷팅 스피드퀴즈

찢으며 학습하는 재미 !

　준비 없이 언제든지 떠먹을 수 있는 학습놀이입니다. 아이들은 직접 설명하고 정답을 해결하는 과정을 통해 스스로 학습의 즐거움을 느끼며 종이를 찢는 맛에 더욱 열심히 학습에 몰입합니다.

　교사의 준비와 개입 없이 쉽게 할 수 있는 학습놀이! 수업 장면에서 선생님의 역할을 컷팅하세요.

이렇게 활용하세요!

- 수업 끝나기 10분 전 정리활동
- 수업 시작 후 10분 전시학습내용 상기
- 국어 : 지문에 익힐 만한 단어가 많을 때
- 수학 : 도형의 공식, 분수와 소수 변환, 단위 변환, 약수와 배수 등
- 사회, 과학 : 매 시간

- ■ 준비물 : A4 용지
- ■ 소요시간 : 10분
- ■ 대형 : 전체
- ■ 활동 형태 : 개인
- ■ 교사 개입 : 5%

컷팅스피드퀴즈

〈활동영상 보러가기〉

준비 ~

① 학생 4명당 A4 용지 한 장을 나눠준다.

② 모둠장이 가로로 길게 4등분하여 모둠원에게 나눠준다.

③ 받은 종이를 3번 접어 8등분한다.

④ 해당 차시에서 학습한 8개 단어를 교과서에서 골라 한 칸에 하나씩 적는다.

고조선	8조법	주먹도끼	민무늬 토기	단군왕검	고인돌	간석기	뗀석기

<8단어를 채운 모습>

시작 ~ !

① 모두 자리에서 일어나 다른 친구를 만나러 간다.

② A와 B 학생이 만났다면, A 학생이 먼저 8개의 단어 중 양 끝에 있는 단어 한 개를 말로 설명한다.
　　예) 단군왕검이 세운 우리나라 최초의 국가는?

고조선	8조법	주먹도끼	민무늬 토기	단군왕검	고인돌	간석기	뗀석기

<양끝의 단어인 고조선이나 뗀석기 중 하나를 말로 설명>

③ B 학생이 답을 말하면(예 : 고조선), A 학생은 그 단어가 적힌 부분을 찢는다.

④ 이번엔 B 학생이 가진 양 끝의 단어 중 한 개를 말로 설명한다.

⑤ 역시 A 학생이 답을 맞히면 B 학생은 그 단어가 적힌 부분을 찢는다.

<설명에 성공한 문제를 찢는 모습>

⑥ ② ~ ⑤의 과정을 반복하며 모든 종이를 다 찢으면 게임 끝!

주의 !

① 한 차시의 핵심단어를 적을 때는 2차시나 3차시 분량으로 범위를 늘립니다.

② 한 번 만난 학생은 다시 만날 수 없게 하여 여러 학생들과 놀이합니다.

③ 설명은 두 번 시도할 수 있고, 두 번 안에 답이 나오지 않으면 다른 친구를 만나야 합니다.

 이종대왕 TIP

메타인지

인지심리학자들의 연구 결과에 따르면 다음과 같은 내용이 있습니다.

"세상에는 두 가지 종류의 지식이 있다. 첫 번째는 내가 알고 있다는 느낌을 받지만 설명할 수는 없는 지식이고, 두 번째는 내가 알고 있다는 느낌뿐만 아니라 남들에게 설명할 수도 있는 지식이다. 두 번째 지식만 진짜 지식이며 내가 쓸 수 있는 지식이다."

선생님의 설명을 들으며 학생들은 어렴풋하게 알고 있다는 느낌을 받습니다. 그리고 컷팅 스피드퀴즈를 통해 배운 내용들을 다시 친구들에게 설명해 보며 확실하게 자신의 지식으로 가져갑니다. 단순 흥미를 추구하는 놀이가 아닌 지식을 더 유의미하게 습득하는 학습방법이 되는 것입니다.

학업성취도를 극대화하는 또래선생님 활용

먼저 모든 단어를 다 찢은 학생은 또래선생님으로 계속 활동합니다. 아직 끝내지 못한 친구들의 문제를 해결해 주며 모두가 활동을 마칠 수 있도록 돕는 역할입니다. 이때 쉽게 구분할 수 있도록 팀조끼, 스카프, 목걸이를 활용할 수 있습니다. 찾기도 쉬울뿐더러 활동을 먼저 끝낸 학생들에 대한 자연스러운 보상이 되는 것이죠. 남들보다 빨리 미션을 완료하고 그것을 뽐내고 싶은 아이들의 욕구를 쉽게 충족시켜줄 수 있는 좋은 방법입니다. 또래선생님을 하고 싶어 아이들은 더욱 열심히 활동하게 됩니다.

학생들의 수업집중력을 극대화하는 도구

컷팅 스피드퀴즈는 학생들이 방금 배운 지식을 바로 활용하게 되어 수업몰입도 향상에 제격입니다. 수업 시작할 때 "이번 시간에 배운 내용으로 컷팅 스피드퀴즈를 합니다."라고 공지만 해도 아이들의 눈빛이 달라집니다. 배운 내용을 바로 활용할 수 있기 때문에 학습동기가 올라가는 것이죠. 꾸준히 컷팅 스피드퀴즈를 활용한다면 집중력 높은 수업분위기를 만들 수 있습니다. 따라서 컷팅 스피드퀴즈만을 위한 보상제도 운영을 추천합니다. 매 게임마다 1등부터 5등(많게는 10등)에게 스티커를 줍니다. 그리고 일정 양의 스티커를 모은 학생들에게 보상을 합니다. 예를 들어 5개를 모으면 자리바꾸기 쿠폰, 10개를 모으면 1인1역 면제와 같은 방식이죠. 속도의 차이만 있을 뿐 평소 실력에 상관없이 모두 보상을 받을 수 있어 아이들이 참 좋아합니다.

함께 배우며 성장하는 수업

항상 학습 관련 활동을 할 때 학습이 부진한 학생에 대한 걱정이 많습니다. '혼자 활동을 못해 상처받지 않을까?', '모른다고 포기하지 않을까?' 컷팅 스피드퀴즈는 1차시 또는 2차시 범위 내의 한정된 단어를 가지고 활동하기 때문에 중복문제가 많이 나옵니다. 따라서 같은 단어를 여러 번 설명하거나 맞히게 됩니다. 이때 학습이 부진한 학생도 기회가 생깁니다. 잘 몰랐던 단어를 설명하는 친구의 말을 듣고 따라 할 수 있게 되죠. 또한 '나는 이렇게 설명했는데 다른 친구는 더 쉽게 설명하네?' 하며 효율적으로 설명하는 법을 배우게 됩니다.

반칙은 사전에 차단

① '문제의 답을 일부러 모르는 척한다면?'

규칙을 약간 변형하여 적용할 수 있습니다. 만나면 가위바위보를 한 뒤 이긴 학생만 문제를 낼 수 있습니다. 그리고 가위바위보를 진 학생은 문제를 맞혀야만 문제 낼 수 있는 기회를 얻습니다. 만약 오답을 말하면 문제 낼 수 있는 기회조차 못 받고 다른 친구를 만나야 되는 것이죠. 좀 더 경쟁적인 컷팅 스피드퀴즈가 될 수 있습니다.

② 놀이에서 이기기 위해 쉬운 단어를 골라 적는다면?

국어 지문으로 놀이를 할 때 서둘러 이기고 싶어 학습 내용과 관련 없는 단어를 적는 학생이 있습니다. 이때 아이들에게 놀이를 하는 목적이 학습 목표 달성에 있음을 확실히 인지시켜 주세요. 또한 핵심단어 적기를 어려워하는 친구들이 있다면 칠판에 몇 가지 예를 미리 적어주는 것도 좋습니다.

다 쓴 문제지도 다시 쓰자

찢고 나서 그냥 버리는 것이 아니라 두 번 접어 바구니에 넣기로 규칙을 변형합니다. 한 학생당 8문제씩 대략 150장 이상의 문제가 쌓이게 되겠죠. 이 문제지들은 다음 소개할 학습놀이인 〈셀프 스피드퀴즈〉와 〈질문 사냥놀이〉에 자연스럽게 쓰이게 됩니다.

십자컷팅 스피드퀴즈

아래와 같은 십자빙고 도안('이종대왕 블로그'에 첨부)에 핵심단어를 적은 뒤 활동할 수 있습니다. 십자 모양은 핵심단어가 많을 때, 또는 일자컷팅 스피드퀴즈가 지루할 때 활용하면 좋습니다.

			세계지도			
			지구본			
			위선			
화전농업	케밥	고산	BINGO	티베트고원	우랄산맥	아시아
			본초자오선			
			열대			
			한대			

<십자빙고 도안으로 BINGO를 제외한 나머지 단어를 모두 찢으면 승리>

학습사냥놀이 (7종)

공부하며 사냥을?

학생들이 문제를 만들면서 학습하고, 놀이를 통해 지식을 내 것으로 확실히 만들 수 있는 유형입니다. 자신이 만든 문제를 바로 활용할 수 있기 때문에 문제를 만드는 단계부터 신이 나며, 자신의 활약으로 모둠의 사기가 올라가기 때문에 더욱 열심히 하게 되고 모둠 단합심도 끈끈해지는 학습놀이입니다.

이렇게 활용하세요!

- 수업 : 30분 전개활동
- 국어 : 지문이 길 때
- 사회, 과학 : 매 시간 또는 3~5개 정도의 카테고리가 있는 학습요소
  예) 5학년 사회 : 역사(구석기, 신석기, 청동기, 철기)
  　　　　　　　　(고구려, 백제, 신라, 가야) 등

3학년 과학 : 동물(땅, 물, 사막, 날 수 있는 동물) 등
4학년 과학 : 식물(들, 산, 강, 연못에 사는 식물) 등
6학년 사회 : 대륙(아시아, 아프리카, 오세아니아, 유럽, 남아메리카, 북아메리카) 등
5학년 사회 : 계절별 기후 및 생활 모습 (봄, 여름, 가을, 겨울) 등

- ■ 준비물 : A4 용지
- ■ 소요시간 : 20~30분
- ■ 대형 : 모둠
- ■ 활동 형태 : 개인 + 모둠
- ■ 교사 개입 : 5%

<활동영상 보러가기>

02 GUESSING 사냥놀이

준비 ~

① 학습주제를 칠판에 제시한다.

1. 땅에 사는 동물

2. 물에 사는 동물

3. 사막에 사는 동물

4. 날 수 있는 동물

<칠판에 주제를 적은 모습>

② 모둠 대형으로 바꾸고 각 모둠에게 해당 주제의 수만큼 A4 용지를 나눠준다.

예) 땅, 물, 사막, 하늘 등 주제가 4개이므로 모둠당 4장 나눠주기

③ 4장 모두 가로 한 번, 세로 한 번, 가로 한 번으로 접어 8등분한다.

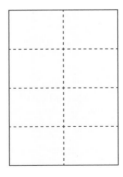

<A4 용지를 8등분하여 8칸 만들기>

④ 기록자를 한 명 정하고 각 주제에 맞는 학습단어를 8개씩 생각한다.

예) 땅에 사는 동물 8마리, 물에 사는 동물 8마리 등

<땅에 사는 동물>		<물에 사는 동물>		<사막에 사는 동물>		<날 수 있는 동물>	
개미	사자	범고래	상어	사막여우	낙타	참새	독수리
호랑이	토끼	새우	말미잘	페넥여우	왕도마뱀	부엉이	올빼미
너구리	돼지	가오리	붕어	가젤	사막전갈	제비	기러기
호랑이	벌	돌고래	광어	살무사	사막박쥐	비둘기	매

<3학년 아이들이 직접 생각해낸 주제별 동물들>

⑤ 주제에 맞게 차근차근 8단어씩 학습지에 적는다.

⑥ 8개 단어가 모두 생각나지 않을 때는 다른 모둠이 기록한 단어를 참고해도 상관없다.

⑦ 모든 단어를 다 채우면 가위로 오리고 잘 섞어 모둠 책상 가운데 뒤집어 탑처럼 쌓아놓는다.

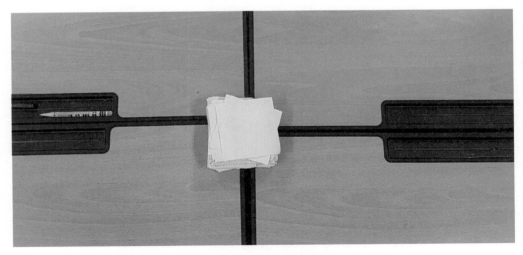

<단어카드를 책상 가운데 뒤집어 쌓은 모습>

시작 ~ !

① 각자 자신의 모둠카드를 한 장씩 들고 다른 모둠의 학생을 만난다.

② 만나면 가위바위보를 하고 이긴 학생이 상대방의 카드 주제를 보지 않고 추리한다.

   예) 사막에 사는 동물?

③ 만약 가위바위보에서 이긴 학생이 "사막에 사는 동물!"이라 말했고 진 학생의 카드가 "사막여우"라면 사냥 성공!

④ 이긴 학생은 카드를 뺏어 자신의 모둠카드 더미 맨 밑에 넣고 다른 모둠 친구를 만나러 간다.

⑤ 사냥 당한 학생(카드를 빼앗긴 학생)은 자신의 모둠으로 돌아가 카드 더미에서 카드 한 장을 들고 새로운 학생을 만난다.

⑥ 만약 가위바위보에서 이긴 학생의 추리가 틀렸다면 카드를 보여주어 정말 틀렸는지 확인하고 헤어진다. 즉, 가위바위보에서 이긴 학생만 추리할 수 있다.

⑦ 선생님께서 "사냥 종료!"라고 외쳤을 때 카드가 많은 모둠 순으로 순위가 결정된다.

구 분	주제를 맞혔을 경우	주제를 틀렸을 경우
가위바위보에서 이긴 학생	상대의 카드를 빼앗아 자신의 모둠에 적립	(정말 틀렸는지 확인 후) 다른 상대를 만나러 감
가위바위보에서 진 학생	다시 자신의 모둠의 카드를 뽑아 새로 시작	(정말 틀렸는지 확인시켜 준 뒤) 다른 상대를 만나러 감

<가위바위보에서 이기거나 진 경우>

주의 !

① 문장도 상관없습니다.

　예) '일교차가 크다', '낮의 길이가 길다' 등

② 한 번 만난 학생은 다시 만날 수 없는 규칙으로 여러 학생들과 놀이하게 합니다.

③ 주제는 한 번만 추리할 수 있고 틀리면 바로 헤어집니다. 이때 상대의 답이 무엇이었는지 확인할 수 있으나 이를 자기 모둠에게 말해주는 것은 반칙입니다.

④ 학습단어가 적은 차시라면 범위를 2차시 이상으로 늘리거나 같은 단어를 2번씩 적게 합니다.

03 모둠 사냥놀이

<활동영상 보러가기>

(준비과정은 같으나 방식이 다소 상이하다.)

시작 ~ !

① 주제에 맞게 단어를 채운 카드를 모둠원에게 골고루 나눠준다.

  예) 4명이 카드 28장으로 놀이할 때 한 명당 7장씩 받기

② 받은 카드들은 자신의 앞에 뒤집어 쌓아놓는다.

③ 모둠 내에서 순서를 정한다.

④ 1번 학생은 2번 학생의 카드 주제를 추리한다.

  예) 주제가 구석기, 신석기, 청동기라면 "구석기!"

⑤ 2번 학생은 자신의 카드 세트 맨 위의 카드를 오픈하여 내려놓는다. 이때 1번 학생이 추리에 성공했다면 해당 카드를 가진다. 틀릴 경우 카드는 그대로 내려놓은 상태에서 2번 학생 차례가 된다.

⑥ 2번 학생은 3번 학생의 카드 주제를 추리한다.

⑦ 3번 학생은 자신의 카드 세트 맨 위의 카드를 오픈하여 내려놓는다. 이때 2번 학생이 추리에 성공했다면 해당 카드를 가져가고, 틀렸다면 그대로 내려놓는다.

⑧ 만약 1~2번 학생이 추리에 틀려 바닥에 카드가 2장이 쌓여 있는 상태에서 3번 학생이 4번 학생의 카드 주제를 맞히면 4번 학생의 카드뿐만 아니라 바닥에 있던 2장까지 모두 가져갈 수 있다.

⑨ 즉, 추리를 실패할수록 카드는 바닥에 쌓이게 되고 맞혔을 때 많은 카드를 한 번에 가질 수 있다.

⑩ 차례대로 옆 사람의 카드를 추리하며 카드를 뺏고 빼앗기다가 정해진 시간이 되었을 때 가장 많은 카드를 가진 학생이 승리한다.

04 스피드 사냥놀이

<활동영상 보러가기>

(준비과정은 같으나 방식이 다소 상이하다.)

시작~!

① 주제에 맞게 단어를 채운 카드를 모둠 책상 가운데 모두 뒤집어 쌓아놓는다.

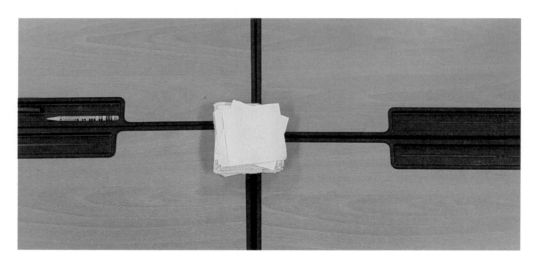

<단어카드를 책상 가운데 뒤집어 쌓은 모습>

② 1번 학생부터 맨 위의 카드를 오픈한다.

③ 나머지 학생들은 오픈한 카드의 주제를 재빨리 말한다.

    예) 오픈된 카드가 '빗살무늬토기'이면 "신석기!"

④ 1번 학생의 판정하에 가장 먼저 말한 학생이 카드를 가져간다. 단, 거의 동시에 말했을 경우에

는 가위바위보를 한다.

⑤ 다음은 2번 학생이 카드를 오픈하고 나머지 학생들이 주제를 맞힌다.

⑥ 카드가 모두 소진되거나 시간이 다 지났을 때 가장 많은 카드를 가진 학생이 승리한다.

05 할리갈리 사냥놀이

<활동영상 보러가기>

(준비과정은 같으나 방식이 다소 상이하다.)

시작 ~ !

① 주제에 맞게 단어를 채운다. 이때 같은 단어를 두 번씩 적어 주제의 2배수로 카드를 만든다.

　　예) 주제가 4개일 때 각 주제당 7장씩 28장이 되며 이를 2세트 만들어 총 56장 제작

② 카드는 골고루 모두 나눠 갖고 받은 카드들은 자신의 앞에 뒤집어 쌓아놓는다.

③ 1번 학생부터 차례대로 자신의 카드를 보이게 내려놓는다.

④ 순서대로 카드를 계속 내려놓다가 같은 주제의 카드 3장이 바닥에 모이면 먼저 손바닥을 책상 가운데 내민다.

　　예) 뗀석기, 주먹도끼, 동굴이 바닥에 있으면 구석기 3장이므로 손바닥 내밀기

⑤ 나머지 학생들은 같은 주제가 3장 있는지 확인한다.

⑥ 정답이 맞으면 카드를 모두 가져간다.

⑦ 다시 한 장씩 카드를 내려놓는다.

⑧ 만약 1~4번 학생까지 모두 내려놓고 다시 1번 학생의 차례가 왔을 때 카드를 기존의 할리갈리처럼 위에 겹쳐 놓는 것이 아니라 따로 바닥에 내려놓는다.

> 예) 만약 1~4번 학생까지 같은 주제인 카드가 3장 모이지 않으면 다시 1번 학생이 내려놓으며 바닥에 놓인 카드는 5장이 됨

06 질문 사냥놀이

시작 ~ !

① 각 모둠에 A4 용지 3장을 나눠주고 8등분하여 24개의 단어카드를 만든다. 이때 단어가 중복 되어도 상관없지만 오직 교과서에 있는 단어만 출제할 수 있다(컷팅 스피드퀴즈 문제지를 활용할 경우 모둠당 20문제씩 뽑아 올려놓는다).

② 카드를 완성하면 가위로 오리고 잘 섞어 모둠 책상 가운데 뒤집어서 쌓아놓는다.

③ 각자 자신의 모둠카드를 한 장씩 들고 다른 모둠의 학생을 만난다.

④ 만나면 가위바위보를 하고 이긴 학생이 '네, 아니오!'로만 대답할 수 있는 질문을 한 개 한다.
예) '아시아 대륙에 속합니까?', '우리나라보다 밑에 있습니까?', '온대기후입니까?' 등

⑤ 다음으로 진 학생이 질문을 하고 서로 번갈아가며 '네, 아니오!'로만 대답할 수 있는 질문을 하다가 먼저 답을 알 것 같은 학생이 "사냥!"을 외치고 답을 이야기한다.

⑥ 정답이면 상대방의 카드를 빼앗아 자기 편의 카드 더미에 넣고 다른 친구를 만나 계속 놀이를 진행한다. 카드를 빼앗긴 학생은 자신의 모둠카드를 다시 한 장 뽑아 놀이를 진행한다.

⑦ 만약 틀렸다면 더 이상 사냥의 기회를 잃게 되고 상대방의 질문에 세 번 더 답을 해야 한다.

⑧ 단, 상대방도 세 번의 추가 질문 뒤 답을 말해야 하며 사냥에 실패하면 서로 헤어진다.

⑨ 선생님께서 "사냥 종료!"라고 외쳤을 때 카드가 많은 모둠 순으로 순위가 결정된다.

주의 !

① 놀이 전에 '네, 아니오!'로만 나올 수 있는 질문을 충분히 선생님과 연습합니다.

② 문제를 만들 때 중요한 단어 위주로 적도록 합니다.

③ 문제를 해결할 때 차시 주제와 학습목표를 지속적으로 인지시켜줍니다. 칠판에 적혀 있으면 범위를 좁혀 정답을 생각할 수 있습니다.

시작 ~ !

① 각 모둠에 A4 용지 3장을 나눠주고 4등분하여 교과서 범위 내에서 12문제를 만든다.

② 이번에는 단어가 아닌 문제를 출제하며 답은 하단에 작게 적는다.

동석이 아버지가
소중히 여긴 물건은?

답 : 솥뚜껑

<문제 및 답을 적은 모습>

③ 가위로 오리고 잘 섞어 모둠 책상 가운데 뒤집어 탑처럼 쌓아놓는다.

④ 각자 자신의 모둠카드를 한 장씩 들고 다른 모둠의 학생을 만난다.

⑤ 만나면 가위바위보를 하고 진 학생이 본인이 가진 문제를 읽어주거나 보여준다.

⑥ 가위바위보를 이긴 학생은 문제를 듣고 정답을 말한다.

⑦ 정답이면 상대방의 카드를 빼앗아 자기 편의 카드 더미에 넣고 다른 친구를 만나 계속 놀이를 진행한다. 카드를 빼앗긴 학생은 자신의 모둠카드를 다시 한 장 뽑아 놀이를 진행한다.

⑧ 만약 틀렸다면 가위바위보에서 이긴 학생이 반대로 문제를 읽어주거나 보여준다.

⑨ 둘 다 틀리면 그냥 헤어진다.

⑩ 선생님이 "사냥 종료!"라고 외쳤을 때 카드가 많은 모둠 순으로 순위가 결정된다.

주의 !

① 틀렸을 경우 반드시 답이 무엇이었는지 확인한 후 헤어집니다.

08 가위바위보 사냥놀이
(Ver. 교실놀이)

<활동영상 보러가기>

시작 ~ !

① 5가지 가위바위보 방법을 알려주고 짝과 해본다.

구분	방법
묵찌빠	<생략>
만세 가위바위보	가위바위보를 한 뒤 이긴 학생은 만세를 하며 "이겼다!"를 외쳐야 하고, 진 학생은 만세를 하며 "졌다!"라고 외친다. 둘 중 먼저 말한 학생이 승리하며 가위바위보에서 비겼을 경우 만세를 하며 "비겼다!"를 먼저 말해야 승리한다.
졌다 가위바위보	"가위~바위~보!" 3박자에 맞춰 앉아 있는 학생이 먼저 가위바위보 중 한 개를 내면 4번째 박자에 도전하는 학생이 가위바위보에 져야 하는 방식이다. 예) 앉아 있는 학생이 '바위'를 내면 도전하는 학생은 4박자에 바로 '가위'를 내야 승리
숫자 가위바위보	가위는 '1', 바위는 '2', 보는 '3'으로 숫자를 정하고 가위바위보를 냈을 때 숫자의 합을 먼저 말한 학생이 이기는 놀이다. 예) 가위와 바위를 냈다면 먼저 "3!"을 말한 학생이 승리
순발력 가위바위보	서로 오른손을 잡고 왼손으로 가위바위보를 한 뒤 이긴 학생은 상대의 손등을 터치하면 이기고, 진 학생은 터치 당하기 전에 왼손으로 손등을 막으면 승리한다.

<5가지 가위바위보 활동 방법>

② 모둠에 4칸으로 접은 A4 용지를 5장씩 나눠준다. 학생들은 각 장마다 5가지 가위바위보를 4번씩 적고 오려 총 20개의 카드를 만들고 잘 섞어 모둠 책상 가운데 뒤집어 쌓아놓는다.

③ 각자 자신의 모둠카드를 한 장씩 들고 다른 모둠의 학생을 만난다.

④ 만나면 가위바위보를 하고 이긴 학생이 가진 카드의 종목으로 대결한다.

예) 이긴 학생이 '만세 가위바위보'를 가지고 있으면 만세 가위바위보 대결

⑤ 대결에서 이긴 학생은 상대방의 카드를 빼앗아 자기 편의 카드 더미에 넣고 다른 친구를 만나 계속 놀이를 진행한다.

⑥ 카드를 빼앗긴 학생은 자신의 모둠카드를 다시 한 장 뽑아 놀이를 진행한다.

⑦ 선생님께서 "사냥 종료!"라고 외쳤을 때 카드가 많은 모둠 순으로 순위가 결정된다.

🐧 이종대왕 TIP

작은 변화로 새로운 즐거움을

GUESSING 사냥놀이에서 상대방이 제대로 이해하고 '맞다, 틀리다'를 답하는지 의심될 수 있습니다. 이럴 땐 규칙을 살짝 변형합니다. 가위바위보에서 이긴 학생이 추리를 하고 틀리면 바로 헤어지는 것이 아니라 다시 가위바위보를 하고 또 이긴 학생이 추리를 하는 식으로 답을 맞힐 때까지 하는 방식입니다. 바로 끝장승부방식! 이 방식으로 의혹도 줄이고 새로운 놀이의 맛을 느낄 수 있습니다.

자발적인 학습상황

주제에 해당하는 단어를 적을 때 교과서를 찾아보거나 브레인스토밍을 하며 스스로 1차 학습을 하게 됩니다. 그리고 학습사냥을 통해 4가지 학습주제를 끊임없이 상기하게 되며, 친구가 말한 주제에 내가 가진 단어가 해당되는지도 반복적으로 생각하면서 2차 학습을 하게 됩니다. 즉, 학생들은 '자발적인 학습상황' 속에서 활동하게 됩니다.

학습이 약한 친구들도 자신 있게

학습사냥놀이는 모둠 친구들이 출제한 카드로 활동하게 됩니다. 따라서 놀이 전 친구들과 약간의 연습 시간을 가진다면 학습이 약한 친구들도 재미있게 참여하고 개념 복습을 철저히 할 수 있습니다. 또한 이어지는 셀프 스피드퀴즈에 카드를 재사용할 수 있어 철저한 복습과정을 거치게 되고 학습에 자신감이 붙게 됩니다.

셀프 스피드퀴즈 (3종)

메타인지 잔뜩 발휘되는 학습놀이

'세상에는 두 가지 종류의 지식이 있다. 첫 번째로 아는 것 같은데 막상 설명할 수 없는 지식, 두 번째는 알고 있다는 확신이 있으며 남들에게 설명할 수 있는 지식, 진정한 지식은 두 번째 지식이며 내가 쓸 수 있는 지식이다.' 셀프 스피드퀴즈는 친구의 설명을 들으며 자신의 배움을 확인하고 친구에게 설명하며 어렴풋한 지식을 확실하게 내 것으로 만들 수 있습니다. 기존 스피드퀴즈의 단점을 최소화하고 장점만 극대화시킨 셀프 스피드퀴즈!

이렇게 활용하세요!

• 학부모 공개수업
• 연 차시 활동
  - 1차시 : 문제 만들며 스스로 공부하고 친구와 묻고 답하기
  - 2차시 : 20분 활동하고 20분 피드백 받기
• 사회, 과학 : 단원정리

■ 준비물 : A4 용지
■ 소요시간 : 1~2시간
■ 대형 : 모둠
■ 활동 형태 : 모둠
■ 교사 개입 : 5%

셀프스피드퀴즈

<활동영상 보러가기>

셀프 스피드퀴즈

준비 ~

① 각자 A4 용지 한 장을 받고 세 번 접어 8칸을 만든다. 이때 컷팅 스피드퀴즈에서 사용한 문제 활용이 가능하다.

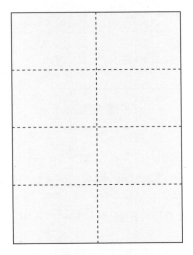

\<A4 용지를 접어 8칸 만들기\>

② 모둠 대형으로 만들고 모둠 내에서 1~4번으로 순서를 정한다.

③ 출제 범위를 알려준다.

　예) 사회 1단원 단원정리

④ 문제가 골고루 출제될 수 있도록 범위를 나눈다.

　예) 각 모둠의 1번은 1~10쪽, 각 모둠의 2번은 11~20쪽 등

⑤ 중요한 단어들을 한 칸에 하나씩 채운다.

고려	왕건
호족	궁예
노비안검법	북진정책
과거제도	개경

<단어를 채운 모습>

⑥ 단어를 다 적은 학생은 오리고 두 번 접어 바구니에 집어넣고 새로운 종이를 받아 문제를 만든다.

⑦ 어느 정도 문제가 쌓이면 문제 만들기를 끝낸다. 10~20분 정도면 충분하다.

⑧ 남은 20분 동안 모둠 친구들과 단어를 설명하고 맞히는 연습을 한다.

시작 ~ !

① 각 모둠의 1번 학생부터 교실 가운데 놓인 바구니에서 문제를 가져온다.

② 뽑은 문제를 자신의 모둠에게 말로 설명한다.

　예) 뽑은 문제가 '강수량'이면 '비나 눈이 오는 양을 무엇이라고 하지?'

③ 정답이 나오면 그 문제는 보관하고(점수로 인정), 2번 학생이 바구니에서 문제를 뽑아 온다.

④ 정답이 나오면 3번 학생, 그다음 4번 학생 순으로 문제를 뽑아 모둠원에게 설명한다.

⑤ 모르는 문제가 나왔을 경우 문제지를 2번 접어 바구니에 반납하고 새 문제를 뽑아 온다.

⑥ 글씨를 알아볼 수 없는 문제는 그 즉시 폐지함에 버리고 새 문제를 뽑아 온다.

⑦ 일정 시간이 지난 후 보관한 문제 쪽지가 많은 모둠 순으로 순위를 정한다.

주의 !

① 활동 전에 스스로 공부하거나 친구와 문제 내고 답하는 형식의 연습시간을 충분히 가집니다.

② 미리 셀프 스피드퀴즈 영상을 보여주고 스스로 학습시간을 주면 더욱 열심히 공부합니다.

10 협동 스피드퀴즈

(준비과정은 같으나 방식이 다소 상이하다.)

시작 ~ !

① 각 모둠의 1번 학생부터 바구니에서 문제를 가져온다.

② 1번 학생은 가져온 문제를 모둠원에게 건넨다.

③ 모둠원은 문제를 펼쳐 확인하고 1번 학생에게 다 함께 설명한다.

④ 1번 학생이 정답을 맞히면 그 문제는 보관하고, 2번 학생이 바구니에서 문제를 뽑아 온다.

⑤ 역시 2번 학생이 가져온 문제는 나머지 학생들이 펼쳐 확인 후 2번 학생에게 설명한다.

⑥ 만약 아무리 설명해도 친구가 답을 맞히지 못하면 그 문제지는 두 번 접어 반납하고 새로운 문제지를 뽑아 온다.

⑦ 일정 시간이 지난 후 가지고 있는 문제 개수가 가장 많은 순으로 순위를 정한다.

11 스파이 스피드퀴즈

(준비과정은 같으나 방식이 다소 상이하다.)

시작 ~ !

① 각 모둠의 스파이를 뽑아 옆 모둠으로 보낸다.

　　예) 1모둠은 2모둠으로, 2모둠은 3모둠으로, 3모둠은 4모둠으로 보냄

② 스파이를 포함하여 모둠 내 번호를 1~4번 순으로 정한다.

③ 1번부터 순서대로 문제를 뽑아 나머지 학생들에게 설명하고 답이 나오면 2번 학생이 문제를 뽑아 설명한다.

④ 단, 스파이가 문제를 맞히면 그 문제지는 스파이의 모둠으로 가져간다.

　　예) 1모둠 스파이가 2모둠에서 문제를 맞히면 1모둠에 +1점

⑤ 스파이 역시 자신의 차례가 되면 문제를 설명한다.

주의 !

① 중간중간 스파이는 교체한다. 각 모둠의 1번이 스파이였다면 일정 시간이 흐른 뒤 각 모둠의 2번을 스파이로 보내고 1번은 복귀시킨다.

② 스파이가 고의적으로 문제를 제대로 설명하지 않으면 경고를 주고, 그 후에도 문제 발생 시 스파이의 원래 모둠에 마이너스 3점의 패널티를 부과한다.

피드백 박스 활동

뽑은 문제가 어려우면 반납하고 새로운 문제를 뽑을 수 있습니다. 이때 다른 바구니에 반납하게 합니다. 즉, 교실 가운데에 문제 바구니와 빈 바구니(피드백 박스), 총 2개의 바구니를 놓는 것입니다.

<문제 바구니와 피드백 박스>

활동이 끝나면 자연스럽게 학생들이 까다로워 하는 문제들만 빈 바구니(피드백 박스)에 남게 됩니다.

이제 피드백 박스 활동을 합니다. 먼저 지원자 한 명을 선정하고 피드백 박스의 문제지 중 한 개를 뽑아 반 전체에 설명하게 합니다. 답을 아는 학생들이 손을 들면 자신의 모둠을 제외한 나머지 모둠의 학생들 중 한 명에게 기회를 줍니다. 정답이 나오면 문제를 설명한 학생이 그 문제지를 자신의 모둠에 가져가 보너스 점수를 얻게 되며, 정답을 맞힌 학생은 다음 문제를 출제할 수 있는 기회를 얻게 됩니다.

학부모 공개수업용으로 너무 좋은 활동

학부모들은 아이의 학습 태도, 발표력, 교우 관계가 궁금하여 학부모 공개수업을 참관

합니다. 그리고 교사는 그러한 학부모의 바람을 충족시키기 위하여 활동 중심의 수업을 구성하게 됩니다. 셀프 스피드퀴즈는 학생들이 끊임없이 말하며 즐겁게 공부하는 활동이고 교사의 진행이나 개입이 적기 때문에 공개수업 활동으로 제격이라 할 수 있습니다.

이전 차시에 문제를 만들고 복습하는 시간을 가진 뒤 공개수업 시간에는 첫 번째로 셀프 스피드퀴즈, 두 번째로 피드백 박스 활동을 하는 것을 추천합니다.

구분	활동	준비물	비고
동기유발 (5분)	1단원 단어로 초성퀴즈	초성퀴즈 PPT	이전 차시에 연습한 상태라 모든 학생이 손 들고 발표함
학습문제	사회 1단원 정리		
전개 1 (20분)	셀프 스피드퀴즈와 학부모 찬스 활동	미리 만든 문제지와 빈 바구니	
전개 2 (7분)	피드백 박스 활동		
정리 (8분)	회전 릴레이퀴즈	회전 릴레이퀴즈 문제지	본 책에 회전 릴레이퀴즈 활동 제시

<사회 1단원을 범위로 한 학부모 공개수업 흐름>

또한 '학부모 찬스'라고 적힌 문제지를 적당히 바구니에 함께 넣어주세요. '학부모 찬스' 쪽지를 뽑으면 자기 모둠의 학부모 한 분을 모셔와 직접 문제를 뽑도록 하고 아이들에게 설명하는 방식이라고 안내하면 됩니다. 처음에는 부담스러워 하는 분이 많으나 눈에 불을 켜고 학부모 찬스가 나오길 기다리는 흐뭇한 광경이 연출되기도 합니다.

학부모 찬스는 정답을 맞힐 경우 학부모 찬스 쪽지와 학부모가 뽑은 문제지 둘 다 보관하게 되므로 1점이 아니라 2점이 됩니다. 따라서 학부모들은 아이를 위해 더욱 열심히 참여하게 됩니다. 단, 너무 어려운 학습주제는 피해 주세요.

 **셀프OX한바퀴**

다 함께 동네 한 바퀴!

　일반적인 OX퀴즈는 한 번 틀리면 탈락하게 됩니다.

　종종 패자부활전으로 다시 기회를 얻기도 하지만 일찍 탈락한 학생들은 대부분의 시간을 기다려야 합니다. 또한 매번 퀴즈 문제를 출제하는 일도 쉬운 일이 아닙니다. 셀프OX한바퀴는 틀려도 탈락 없이 계속 OX퀴즈에 참여할 수 있는 획기적인 방식이며, 문제 또한 아이들이 직접 출제합니다. 어떤 방식인지 만나볼까요?

이렇게 활용하세요!

- 연 차시의 두 번째 차시에 활용
- 아침 독서시간을 활용해서 문제를 만들고 본 차시에 활용
- 국어 : 지문이 길 때, 또는 여러 개의 짧은 지문을 엮어서 활용
- 사회, 과학 : 2~3차시 분량 또는 그 이상

- ■ 준비물 : A4 용지
- ■ 소요시간 : 20~30분
- ■ 대형 : 모둠
- ■ 활동 형태 : 개인 + 모둠
- ■ 교사 개입 : 20%

셀프OX한바퀴

<활동영상 보러가기>

준비 ~

① 모둠 내에서 번호를 정하고 출제 범위를 골고루 나눈다.

　　예) 1~3쪽은 1번, 4~5쪽은 2번, 6~8쪽은 3번, 9~10쪽은 4번

② 한 명당 A4 용지 한 장을 받아 두 번 접어 4등분한다.

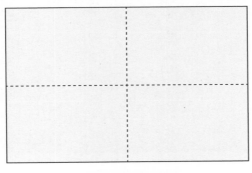

<A4 용지를 4등분한 모습>

③ 맡은 범위 내에서 OX문제 4개를 출제한다. 이때 답도 함께 적으며 O와 X가 골고루 나오도
　　록 한다.

이종대왕이 사는 곳은 서울이다. 정답 : O	이종대왕이 싫어하는 음식은 오징어다. 정답 : O
이종대왕은 놀이를 싫어한다. 정답 : X	이종대왕은 고등학교 교사다. 정답 : X

<O와 X를 골고루 출제한 예>

④ 완성한 학생은 모두 오려서 교실 가운데 바구니에 넣고 새로 A4 용지를 가져와 문제를 만든

다. 이때 두 번째 종이부터는 범위에 상관없이 자유롭게 출제할 수 있다.

⑤ 바구니에 문제가 충분히 쌓이면 출제를 끝낸다.

⑥ 칠판에 모둠 번호를 적고 놀이를 시작한다.

| 1모둠 | 2모둠 | 3모둠 | 4모둠 | 5모둠 | 6모둠 |

<칠판에 모둠 번호를 적은 모습>

시작 ~ !

① 학생들은 모두 제자리에 앉아서 시작한다.

② 선생님은 문제지 중 하나를 뽑아 읽는다.

③ 선생님은 "하나, 둘, 셋!"을 카운트하고 학생들은 "셋"과 동시에 'O'나 'X'를 손으로 표시한다.

④ 정답을 맞힌 학생들은 교실의 1루로 간다(1루는 운동장 쪽 창가).

<교실의 1루, 2루, 3루 위치>

⑤ 이때 틀린 학생들은 제자리에 대기한다.

⑥ 선생님은 두 번째 문제를 뽑아 읽는다.

⑦ 정답이 공개되면 1루에서 정답을 맞힌 학생은 2루로(교실 뒤편), 제자리에서 정답을 맞힌 학생은 1루로 이동한다.

⑧ 세 번째 문제에서 정답을 맞힌 2루에 있던 학생은 3루로(복도 쪽 창가), 나머지 학생들도 한 단계씩 이동한다.

⑨ 3루에서 정답을 맞힌 학생은 칠판에 적힌 자신의 모둠에 동그라미 한 개를 그리고 제자리에 앉아 계속 게임을 진행한다.

<칠판에 점수를 적은 모습>

⑩ 시간이 다 지났을 때 모둠 점수가 많은 순으로 순위를 정한다.

문제를 맞히면	제자리 → 1루 → 2루 → 3루 → 점수 체크 후 제자리 → 1루
문제를 틀리면	그 자리에 대기

<셀프OX한바퀴 활동 요약>

주의!

① 재미를 불어넣기 위해 4문제 중 1문제는 삽화로 출제해도 됨을 알려줍니다.

그림 속 애나는 오른손에 저울을 들고 있다.

정답 : X

<교과서의 삽화를 문제로 출제한 모습>

② 사전에 반드시 O와 X를 나타내는 연습을 합니다. 문제를 다 듣고 선생님의 "하나, 둘, 셋!" 카운트에 맞춰 정답을 표시하도록 합니다.

③ OX퀴즈를 하면 "지수가 답을 바꿔치기했어요!", "재용이가 답을 늦게 들었어요!"와 같이 친구의 행동을 일러바치는 학생들이 있습니다. 이를 방지하기 위해 'PART 00'의 놀이규칙에서 언급한 바와 같이 사전에 철저히 놀이규칙을 공지하고 다른 친구의 행동을 일러바치는 학생의 모둠은 마이너스 2점의 패널티를 부여합니다.

④ 문제는 선생님이 읽어도 되지만 출제자가 직접 읽도록 방식을 바꿔도 됩니다. 문제를 출제할 때 문제와 답, 그리고 출제자의 이름을 적은 뒤 선생님이 문제지를 뽑으면 해당 문제의 출제자가 앞에 나와 문제를 읽는 방식입니다. 본인이 만든 문제지이기 때문에 자동으로 한 루를 이동하도록 하면 선생님이 문제지를 뽑을 때마다 아이들은 더욱 설레입니다.

🐧 이종대왕 TIP

학생들이 직접 문제를 출제하는 활동

학생들이 직접 문제를 출제하면 평소에 비해 지문을 자세히 들여다보게 됩니다. 글을 세세하게 읽고 되뇌며 생각하게 되어 문제를 맞히는 것보다 더욱 고차원적인 사고를 발휘하기 때문입니다. 그래서 교과서의 문제를 풀 때보다, 선생님이 출제한 문제를 맞히는 것보다 더욱 지문을 집중해서 읽게 되는 효과가 있습니다. 선생님께서는 좋은 OX문제일 경우 누가 출제한 문제인지 꼭 확인하고 칭찬을 해주세요. 학생들이 더 좋은 문제를 만들기 위한 동기유발이 됩니다.

X일 경우 보너스 문제 출제

답이 X일 경우 왜 틀렸는지 생각하도록 합니다. 그리고 정확하게 이유를 발표한 학생은 보상 차원에서 한 단계 더 이동하도록 합니다. 아이들은 계속 함께 움직이다가 단독으로 이동하는 영광을 누리기 때문에 적극적으로 발표하고 싶어 합니다. 이러한 작은 팁으로 인하여 단순한 퀴즈활동이 끊임없이 사고하는 학습으로 업그레이드될 수 있습니다.

학기 초 자기소개활동

　자신에 대한 문제를 OX퀴즈로 출제합니다. 아이들은 뽐내고 싶거나 소개하고 싶은 것을 OX문제로 출제합니다. 문제지에는 반드시 자신에 대한 OX문제와 출제자의 이름을 적습니다.

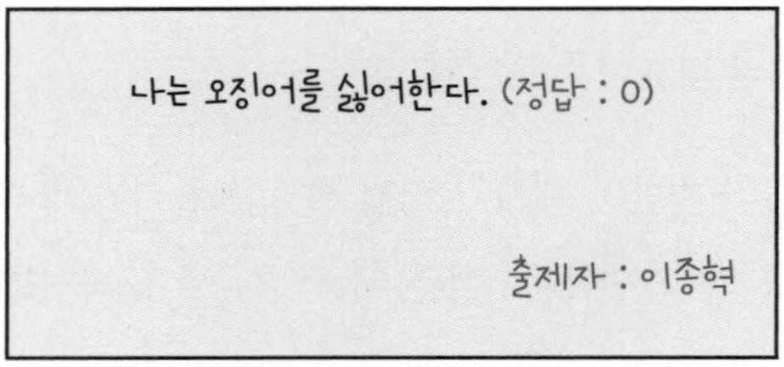

나는 오징어를 싫어한다. (정답 : O)

출제자 : 이종혁

<자신에 대한 문제를 OX문제로 출제한 모습>

　활동이 시작되면 선생님은 문제지를 뽑아 펼친 뒤 출제자를 호명하고, 출제자는 앞으로 나와서 자신의 문제를 읽습니다. 나머지 학생들은 그 학생을 보며 OX문제를 맞힙니다. 학기 초 자기소개활동으로 부담 없이 즐겁게 할 수 있는 방식이 되겠죠?

칠판 릴레이퀴즈 (2종)

연산영역에 딱이야 !

수학시간은 선행학습을 했거나 기초가 부족한 아이들이 섞여 있어 모두에게 적합한 수업을 하기 어렵습니다. 선행학습을 한 아이들은 질문도 잘 하지 않고 바로 교과서를 풀기 때문에 기초가 약한 아이들에게 초점을 맞춰 수업하기 마련입니다. 그러나 막상 수행평가를 하면 선행학습을 한 아이들도 쉽게 틀리곤 합니다. 어설픈 선행학습으로 인한 잘못된 수학 습관 때문에 물어보지도 않고 고칠 생각도 없는 것입니다. 칠판 릴레이퀴즈는 이런 딜레마를 해결할 수 있습니다.

이렇게 활용하세요!

- 수업 30분 전개활동
- 수학 : 연산영역, 도형의 넓이

■ 준비물 : 없음
■ 소요시간 : 30~40분
■ 대형 : 전체
■ 활동 형태 : 개인
■ 교사 개입 : 40%

칠판칠레이12초

<활동영상 보러가기>

13 칠판 릴레이빙고

준비 ~

① 선생님은 칠판을 3등분하고 차시 목표에 맞는 연산문제 3개를 적어 놓는다.

② 학생들은 공책과 연필을 준비한다.

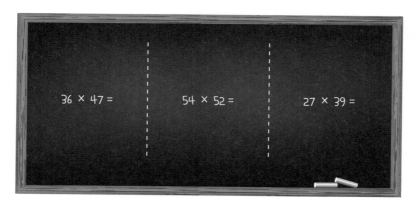

$36 \times 47 =$ $54 \times 52 =$ $27 \times 39 =$

<칠판을 3등분하고 문제를 적은 모습>

시작 ~ !

① 뽑기 프로그램으로 3명을 먼저 선정한다(다양한 뽑기 프로그램은 '이종대왕 블로그'에서 다운).

② 뽑힌 학생들은 나와서 칠판의 문제를 해결한다. 이때 답과 풀이과정을 함께 적는다.

③ 선생님은 학생들의 풀이를 관찰하며 잘못된 습관이 있는지 확인한다.

④ 문제를 다 해결한 학생이 손을 들면 선생님은 잘못된 풀이과정이나 오답을 체크해준다.

⑤ 검사를 받은 학생은 차시 목표에 맞는 문제를 직접 만들고 선생님께 확인을 받은 뒤 직접 뽑기
　프로그램을 작동시켜 새로운 학생을 뽑는다.
　예) 차시 목표가 받아올림이 있는 두 자릿수 곱셈이라면 꼭 받아올림이 있는 문제 만들기

⑥ 새로 뽑힌 학생은 빈 자리의 문제를 해결하고 위 과정을 반복한다.

⑦ 나머지 학생들은 공책에 칠판의 문제들을 해결하고 답을 기록해 놓는다. 끝난 뒤 빙고를 하기 때문에 앉아 있는 친구들도 문제를 해결해야 한다.

⑧ 마지막 학생까지 문제를 만들고 들어가면 3×3 빙고를 직접 공책에 그리고 답을 채운다(문제를 만들기까지가 목표이므로 더 이상 남은 친구가 없어도 문제를 만든다.).

⑨ 만약 답을 다 못 적은 학생은 친구가 적은 답을 참고해도 무방하다.

⑩ 빙고게임을 진행한다.

주의 !

① 암산하여 답만 적는 학생들이 있습니다. 선생님이 한눈에 살펴보기 쉽도록 풀이과정과 답을 함께 가져오게 합니다.

② 빙고를 한다고 하여도 열심히 하지 않는 학생이 있습니다. 선생님이 칠판에서 문제를 해결하는 아이들을 확인할 동안 자율적으로 풀어야 하기 때문입니다. 그러므로 중간에 검사를 하거나 경고를 주는 식으로 분위기를 잡는 것이 좋습니다.

③ 미리 빙고판을 그려놓고 답만 채우는 학생들이 있습니다. 이때 빙고에 성공한 학생들은 풀이과정을 제시해야 이긴 것으로 인정한다고 공지하여 미리 빙고판을 그리지 않도록 합니다.

④ 처음 칠판 릴레이빙고를 하면 문제를 만들지 않고 들어가거나 다음 학생을 뽑지 않고 들어가는 학생이 많습니다. 초반에만 개입하면 1년 내내 스스로 활동하는 모습을 보실 수 있습니다.

⑤ 차시 목표에 맞지만 일부러 어려운 문제를 만드는 학생들이 있습니다. 놀이 초반에는 숫자의 자릿수를 제한하여 모두가 해결할 수 있는 문제를 출제하도록 합니다.

⑥ 차시 난이도에 따라 빙고 종류를 다르게 하면 좋습니다. 예를 들어 쉬운 연산 차시일 때는 4×4 빙고, 다소 어려우면 3×3 빙고로 하며, 조금 시간이 걸릴 때는 '일자빙고'를 활용합니다.

14 스피드 칠판 릴레이

(준비과정은 같으나 방식이 다소 상이하다.)

시작 ~ !

① 뽑기 프로그램으로 3명을 먼저 선정한다.

② 타이머를 10분으로 설정하고 작동버튼을 누르면 게임이 시작된다.

③ 칠판 릴레이빙고처럼 문제를 풀고 선생님께 검사를 받은 후 새로운 문제를 만든다.

④ 이때 앉아 있는 학생들은 자신의 줄 앞에 있는 문제만 푼다.

<1분단은 ①번 문제, 2분단은 ②번 문제, 3분단은 ③번 문제를 해결>

⑤ 마지막 학생이 칠판에서 문제를 해결하고 만들었을 때 타이머를 멈추고 시간을 기록한다.

⑥ 그 후 공책 검사를 하여 적당히 문제를 풀었는지 확인되면 기록으로 인정한다.

⑦ 다시 한 번 기회를 주고 시간을 단축한 경우 약간의 전체 보상을 걸어준다.
　　예) 학급온도계를 올리거나 창체 시간에 교실놀이시간

⑧ 처음부터 다시 시작한다. 첫 번째에 비해 실수가 감소하기 때문에 기록이 단축된다.

주의 !

① 한 명이라도 타인을 비난하는 학생이 있을 시 기록은 무효라고 공지합니다.

② 처음에 실패하더라도 한 번 더 기회를 주면 대부분 빨라지므로 아이들은 수학에 대한 즐거움
과 성취감을 맛볼 수 있습니다.

🐧 이종대왕 TIP

선생님의 역할이 뚜렷하다

수학 연산영역은 원리 및 활동 중심 수업을 하지 않는 이상 선행학습을 한 학생들의 집중
도가 낮습니다. 그러나 칠판 릴레이활동을 해 보면 철썩같이 믿었던 아이들의 잘못된 습관
을 쉽게 발견할 수 있습니다. 곱셈 시 자리를 맞춰 적지 않거나 숫자를 이상하게 적는 등 크
고 작은 나쁜 습관들이 이에 해당합니다. 일반적인 전체 수업에서는 쉽게 발견하기 힘든 점
들이죠. 수학은 단순 계산뿐만 아니라 같은 문제를 100번 풀었을 때 100번 가까이 정확하
게 푸는 것이 중요함을 강조하며 잘하는 학생들의 잘못된 습관들을 교정해주세요. 이때 학
생들의 수업 만족도가 굉장히 높아지며 선생님에 대한 신뢰도 굳건해집니다. 또한 잘하는
아이들도 교정을 받는 모습을 보면서 학습이 부진한 학생들도 좀 더 자신감을 갖게 됩니다.

고차원적인 사고가 요구되는 문제 만들기 활동

칠판 릴레이활동에서는 차시 목표에 맞는 문제를 직접 만들어야 합니다. 이때 학습목
표를 다시 한 번 인지하게 되어 문제를 해결할 때보다 더 높은 사고력을 발휘하게 됩니다.
예를 들어 3학년의 내림이 있는 (몇십)÷(몇)에서 72÷6처럼 10의 자리는 내림이 있게 하
고 1의 자리에서 나누어 떨어지는 문제를 만들 때, 단순 계산할 때보다 더욱 고차원적인
사고를 하게 됩니다.

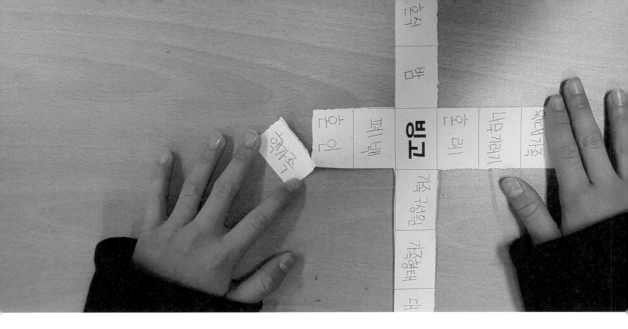

찢기빙고 (2종)

식상한 빙고는 이제 그만!

교사들이 가장 많이 활용하는 학습놀이는 빙고입니다. 괄호학습지에 채운 단어들, 오늘 수업 시간에 배운 단어들을 활용하여 간단하게 빙고판을 그리고 활동할 수 있기 때문에 활용하기가 참 편리하죠. 게다가 아이들이 참 좋아합니다. 실력과 관계없이 운으로 순위가 결정되기 때문입니다. 하지만 늘 식상한 3×3 빙고, 4×4 빙고만 하다 보면 아이들도 금방 질려하기 마련입니다. 찢기빙고는 기존 방식을 살짝 변형하여 더욱 재미있게 할 수 있는 방식입니다.

이렇게 활용하세요!

- 수업 끝나기 1~20분 전 정리활동
- 수업 시작 후 1~20분 전시학습내용 상기
- 국어, 사회, 과학 : 괄호학습지를 해결한 뒤 정답들을 활용
- 수학 : 수학책과 수학익힘책을 해결한 뒤 정답들을 활용
- 일자빙고는 문제가 적을 때, 십자빙고는 문제가 많을 때 활용

- 준비물 : A4 용지
- 소요시간 : 20~30분
- 대형 : 전체
- 활동 형태 : 개인
- 교사 개입 : 5%

＜활동영상 보러가기＞

준비 ~

① 4명당 A4 용지 한 장을 나눠준다.

② 모둠장이 가로로 길게 4등분하여 한 장씩 모둠원에게 나눠준다.

③ 받은 종이를 세로로 3번 접어 8등분한다.

④ 한 칸에 한 개씩 8개의 정답을 채운다.

| 36 | 78 | 42 | 15 | 20 | 47 | 87 | 46 |

<8단어를 채운 모습>

시작 ~ !

① 뽑기 프로그램으로 선출된 첫 번째 학생이 답을 부른다. 이때 양 끝에 적힌 두 개의 답만 부를 수 있다.

| 36 | 78 | 42 | 15 | 20 | 47 | 87 | 46 |

<양 끝에 색칠된 36, 46만 찢을 수 있음>

② 만약 36을 불렀다면 36이 끝에 있는 학생들만 36을 손으로 찢는다.

③ 아래 그림과 같이 36이 가운데 있는 경우는 찢을 수 없으므로 답이 불려도 찢을 수 없다.

99	78	36	15	20	47	87	46

<36이 끝에 있지 않고 가운데 있으므로 찢을 수 없는 모습>

④ 계속해서 학생들을 뽑고 답을 부르게 하여 종이를 찢어 나간다.

⑤ 이미 누군가 불렀던 답도 다시 부를 수 있다. 양 끝에 있어야만 찢을 수 있기 때문에 중간에 있는 종이를 찢지 못한 학생도 있기 때문이다.

⑥ 마지막 남은 종이까지 답이 나온 학생은 빙고를 외치고 칠판의 1등 구역에 이름을 적는다.

⑦ 1등 구역에 5명이 채워지면 다음 학생부터 2등 구역에 이름을 적게 한 뒤 빙고를 끝낸다.

<빙고 명예의 전당>

주의 !

① 처음 하는 학생들은 누군가 답을 부르면 "아까 그거 나왔어~!"라고 많이 말합니다. 기존 빙고는 한 번 나온 답은 다시 말하지 못하지만, 일자빙고는 했던 답도 다시 말할 수 있는 점을 사전에 충분히 설명합니다.

② 문제 수에 따라 8칸이 아닌 10칸, 12칸으로 해도 괜찮습니다.

시작 ~ !

① 십자빙고 도안을 아이들에게 나눠준다(도안은 '이종대왕 블로그'에서 다운).

② 또는 아이들이 직접 십자빙고를 그리게 한다.

자르는 칸		자르는 칸
자르는 칸		자르는 칸

<십자빙고 도안>

③ 십자빙고 칸에 답을 채우고 자르는 칸을 다 오려낸다.

④ 뽑기 프로그램으로 뽑힌 첫 번째 학생이 답을 부른다.

⑤ 십자빙고는 양 끝에 찢을 수 있는 단어가 총 4개다.

⑥ 아래 그림의 색칠된 칸의 단어가 나오면 찢는다.

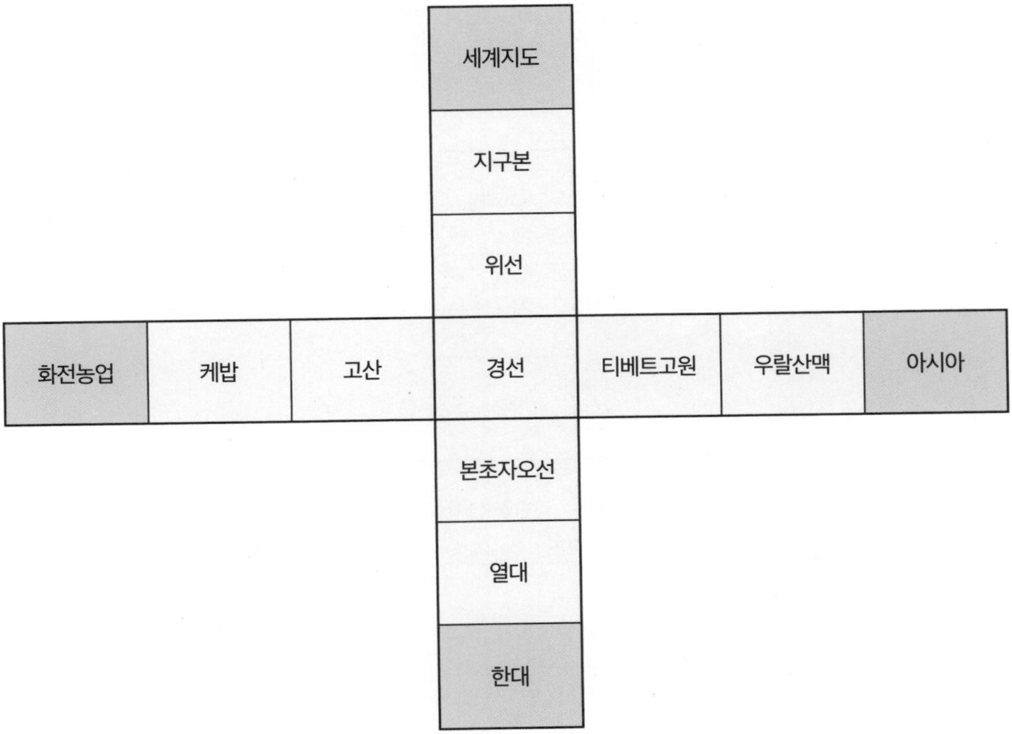

			세계지도			
			지구본			
			위선			
화전농업	케밥	고산	경선	티베트고원	우랄산맥	아시아
			본초자오선			
			열대			
			한대			

<색칠된 부분의 답이 나오면 찢을 수 있음>

⑦ 계속해서 학생들을 뽑고 답을 부르게 하여 종이를 찢어 나간다.

⑧ 마지막 종이까지 답이 나온 학생은 빙고를 외치고 칠판의 1등 구역에 이름을 적는다.

⑨ 1등 구역에 약 5명이 채워지면 다음 학생부터 2등 구역에 이름을 적은 뒤 빙고를 끝낸다.

주의 !

① 문제 수에 따라 칸을 늘리거나 줄일 수 있습니다.

② 아래와 같이 가운데 칸은 빙고를 적고 날개 부분의 단어들을 모두 찢어 빙고칸만 남으면 승리하는 방식도 재미있습니다.

			세계지도			
			지구본			
			위선			
화전농업	케밥	고산	BINGO	티베트고원	우랄산맥	아시아
			본초자오선			
			열대			
			한대			

<가운데 BINGO만 남으면 승리>

 이종대왕 TIP

창의력을 키우는 랜덤빙고

　일자빙고, 십자빙고 이외에도 아이들이 직접 다양한 모양을 만들어 빙고를 할 수 있습니다. 칸의 개수만 정해주고 일자 모양, 십자 모양, ㄴ자 모양, ㄷ자 모양 등 각자 다른 모양의 빙고판을 만들어 빙고를 진행합니다. 어떤 모양으로 만드는 것이 가장 유리할까요? 아이들의 창의성을 키워주며 좀 더 재미있고 신나는 빙고게임을 할 수 있습니다.

학습동기유발을 쉽게 할 수 있는 도구

교과서나 학습지를 풀라고 하면 원래 열심히 하는 학생들이야 제대로 풀겠지만 대부분의 아이들은 어쩔 수 없이 문제를 풉니다. 하지만 "오늘 학습한 내용으로 빙고할 거야~!"라고 말하면 빙고를 하고 싶어 더욱 즐겁고 신나게 문제를 해결할 수 있습니다. 선생님이 시켜서 하는 것이 아니라 하고 싶어서 문제를 풀기 때문에 집중력이 올라가게 됩니다. 게다가 "오늘은 그냥 빙고가 아니라 특별한 빙고를 하겠습니다."라고 말을 하면 새로운 놀이에 대한 기대감으로 학습집중력이 최고조로 올라갑니다. 다양한 종류의 빙고를 많이 알아둘수록 아이들의 수업집중력을 끌어올리기가 수월합니다.

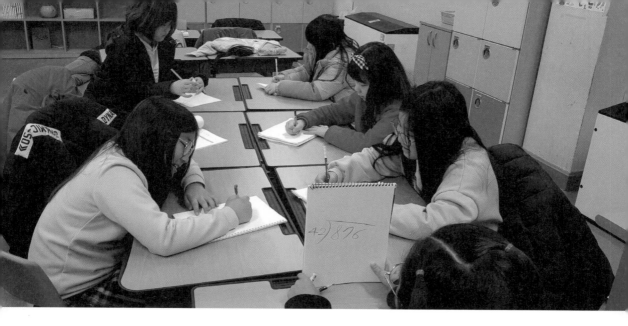

텔레파시퀴즈 (2종)

랜덤의 묘미!

  텔레파시게임은 수학교과에 많이 활용되는 놀이 중 하나입니다. 실력뿐만 아니라 운으로도 승부가 좌우되기 때문에 흥미 있는 활동입니다. 그러나 PPT를 제작해야 하고, 아이들이 양심껏, 제대로 문제를 풀고 있는지 확인하기 어려운 단점이 있습니다. 셀프 텔레파시는 기존 놀이의 단점을 보완하여 PPT 없이도 할 수 있으며, 아이들이 제대로 풀고 있는지도 쉽게 알 수 있습니다.

이렇게 활용하세요!

- 수업 종료 1~20분 전 정리활동
- 수업 시작 후 1~20분 전시학습내용 상기
- 수학 : 대부분 영역에 적용 가능

- ■ 준비물 ▶기존 텔레파시 - PPT
  ▶셀프 텔레파시 - 없음
- ■ 소요시간 : 10~20분
- ■ 대형 : 4모둠
- ■ 활동 형태 : 개인
- ■ 교사 개입 : 20%

<활동영상 보러가기>

17 기존 텔레파시퀴즈

준비 ~

① 텔레파시 PPT를 준비한다.

| 1. 4개의 문제를 출제한다. | 2. 다음 슬라이드에는 문제의 답이 있다. | 3. 다음 슬라이드에는 각각의 정답에 대한 점수가 있다. |

<기존 텔레파시퀴즈 PPT 슬라이드>

시작 ~ !

① PPT에 문제가 나오면 학생들은 4개의 문제 중 한 개만 선택해서 공책에 해결한다.

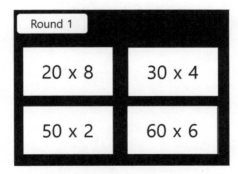

<화면에 제시된 4개의 문제 중 한 개 선택>

② 다음 슬라이드인 답을 띄우고 학생들은 해당 문제의 답을 채점한다.

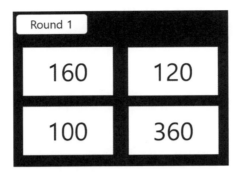

<각각의 문제에 대한 답>

③ 다음 슬라이드인 점수를 띄우고 각 문제에 해당하는 점수를 확인한다.

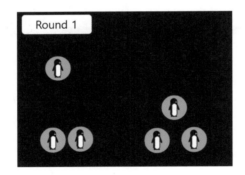

<각각의 문제에 대한 점수>

예) 그림의 20X8을 푼 학생은 정답을 맞혔을 경우 1점 획득

　　그림의 60X6을 푼 학생은 정답을 맞혔을 경우 3점 획득

　　그림의 30X4를 푼 학생은 정답을 맞혀도 0점 획득

④ 틀린 학생은 점수를 받을 수 없다.

⑤ 10문제 정도 진행하고 각자 획득한 점수의 합계를 낸다.

주의 !

① 학생들이 스스로 채점하고 결과를 확인하기 때문에 거짓으로 채점할 가능성이 다분합니다. 반칙을 하다 적발 시 '0'점 처리를 한다고 미리 엄하게 경고를 줍니다.

② 짝이 서로 채점해주는 방식을 선택해도 됩니다. 다만 짝이 못한다고 놀리거나 비웃는 행동은 사전에 차단해야겠죠.

🐧 18 셀프 텔레파시

시작~!

① 또래선생님 4명을 선발한다. 또래선생님은 계산이 빠르고 정확하며 배려심이 많은 학생 위주로 선발한다.

② 4모둠으로 책상 대형을 만든다(의자도 골고루 배치).

1구역		2구역	
3구역		4구역	

③ 또래선생님은 해당 차시의 문제 3개를 만들고 답을 공책에 적는다.

④ 그동안 나머지 학생들은 아래 그림처럼 공책에 간단하게 점수칸을 만든다.

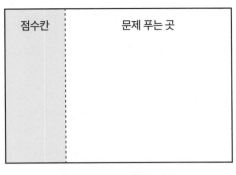

<점수칸> | <문제 푸는 곳>

<공책에 점수칸을 만든 모습>

⑤ 또래선생님은 1~4구역까지 한 명씩 앉고 나머지 학생들은 모두 교실 뒤편에 대기한다.

⑥ 시작하면 학생들은 1~4구역 중 한 곳을 선택에서 의자에 앉는다. 의자가 이미 꽉 찬 구역으로 간 학생은 남는 자리가 있는 구역으로 이동한다.

⑦ 또래선생님은 골든벨 판에 미리 낸 문제 중 한 개를 적고 나머지 학생들은 문제를 해결한다.

⑧ 문제를 다 해결한 학생은 조용히 손을 들면 또래선생님이 채점을 한다.

⑨ 정답을 맞힌 학생은 대기하고 틀린 학생은 한 번 더 기회를 가진다.

⑩ 어느 정도 시간이 지나면 선생님은 뽑기 프로그램을 1~4로 설정하고 뽑는다.

⑪ 두 번 뽑아 처음으로 뽑힌 구역은 1등, 두 번째로 뽑힌 구역은 2등이 된다.

⑫ 1등 구역에서 문제를 해결한 학생은 2점, 2등 구역은 1점을 획득한다. 정답을 맞혔을 경우만 점수를 가져간다.

⑬ 공책에 점수를 체크한 뒤 다시 뒤로 나간다.

⑭ 선생님이 2라운드 시작을 알리면 학생들은 다시 원하는 구역으로 이동하여 문제를 해결한다.

주의 !

① 뽑기 프로그램은 매 라운드마다 다양하게 사용하는 것이 좋습니다(다양한 뽑기 프로그램은 '이종대왕 블로그'에서 다운).

② 뽑기 프로그램을 1~4로 설정해서 뽑아도 되고, 학생들 이름으로 설정해서 이름이 나온 구역이 점수를 가져가는 형식으로 해도 재미있습니다.

③ 시간을 넉넉히 주고 모든 아이들이 다 풀 수 있도록 합니다.

④ 또래선생님을 수행한 학생들은 자동으로 만점을 가집니다.

⑤ 1~4등을 한 학생들은 다음 텔레파시게임에서 또래선생님 역할을 합니다.

🐧 이종대왕 TIP

또래선생님 뽑기

아무리 학습놀이가 좋다고 해도 대부분의 수학시간은 교과서의 문제를 해결하는 것이 우선일 것입니다. 교과서를 가장 먼저 정확하게 해결하는 학생 4명에게 셀프 텔레파시의 또래선생님 자격을 부여하세요. 단 한 개라도 틀린다면 탈락입니다. 무작정 빨리 풀어야 하는 것이 아니라 정확하게 해결해야 하는 것이죠. 아이들이 더욱 집중하며 정확하게 문제를 해결하는 계기가 될 것입니다. 그리고 자연스럽게 셀프 텔레파시 학습놀이로 이어질 수 있습니다.

학생들에게 마우스 클릭의 기회 부여

아이들은 뽑기 프로그램을 마우스로 클릭하는 역할을 정말 좋아합니다. 따라서 각 라운드의 뽑기를 시작할 때 가장 바른 자세로 학습한 친구 한 명을 뽑아 마우스 클릭의 기회를 주세요. 어른이 생각하기에 별것 아니지만, 아이들은 이 하나를 위해 온 힘을 다하여 바른 자세로 학습합니다.

19 셀프 골든벨

스스로 문제 만들고 놀이하고!

골든벨 퀴즈는 간편하면서도 재미있어 학교 현장에서 많이 쓰입니다. 하지만 한 팀이 문제를 해결할 때 나머지는 멀뚱히 기다려야 되며, 한 번 탈락하면 패자부활전을 하기 전까지 다시 참여할 수 없다는 단점이 있습니다. 선생님이 직접 퀴즈문제를 준비해야 하는 수고로움도 있습니다. 그러나 셀프 골든벨은 탈락 없이 끊임없이 문제를 해결할 수 있습니다. 문제 또한 학생 스스로 출제합니다. 놀이 과정 속에서 말하기, 듣기, 읽기, 쓰기, 문제 해결을 모두 경험하게 해 주세요.

이렇게 활용하세요!

- 수업 20~30분 전개활동
- 국어 : 1~2차시 분량의 텍스트
- 수학 : 연산영역, 도형의 둘레, 넓이 등
- 사회, 과학 : 단원정리

■ 준비물 : A4 용지
■ 소요시간 : 20~30분
■ 대형 : 전체
■ 활동 형태 : 개인
■ 교사 개입 : 5%

<활동영상 보러가기>

준비 ~

① 모둠 내에서 번호를 정하고 출제 범위를 골고루 나눈다.

  예) 교과서의 1쪽부터 10쪽까지가 출제 범위라면 1~3쪽은 1번, 4~5쪽은 2번, 6~8쪽은 3번

② 한 명당 A4 용지 한 장을 갖고 두 번 접어 4등분한다.

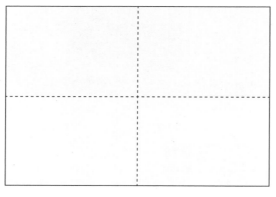

<A4 용지를 4등분한 모습>

③ 맡은 범위 내에서 4개의 퀴즈를 출제하고 하단에 답을 적어둔다.

직사각형의 가로가 3cm, 세로가 5cm일 때 넓이는? 15cm²	삼각형의 밑변이 10cm, 넓이가 200cm²일 때 높이는? 4cm
평행사변형의 밑변의 길이가 6cm, 높이가 12cm일 때 넓이는? 72cm²	사다리꼴의 넓이 구하는 공식을 말하시오. (아랫변 + 윗변) X 높이 ÷ 2

<'도형의 넓이'에서 셀프 골든벨 문제 출제 예시>

④ 4문제를 먼저 출제한 학생은 모두 오려 교실 가운데 바구니에 넣고 새로운 A4 용지를 가져와

문제를 또 출제한다.

⑤ 이때 두 번째 종이부터는 원하는 범위에서 문제를 자유롭게 출제할 수 있다.

⑥ 바구니에 문제지가 충분히 쌓이면 문제 출제를 끝낸다.

⑦ 모두 한 장씩 문제를 뽑아놓는다.

시작 ~ !

① 시작하면 아무나 만나 서로 번갈아가며 문제를 출제한다. 수학일 경우 동시에 문제를 서로 보여주고 문제 쪽지 뒷면에 계산을 한 뒤 채점을 한다.

② 친구의 문제를 듣고 10초 안에 답을 이야기해야 하며 정답을 맞히면 쪽지를 가져간다. 쪽지는 점수가 되므로 주머니나 필통에 잘 보관한다. 서로 번갈아가며 문제를 내고 맞힌 뒤 헤어진다.

③ 틀릴 경우 쪽지 획득 없이 그냥 헤어진다.

④ 문제지를 뺏긴 학생은 바구니에서 문제를 다시 뽑아 다른 친구를 만나러 간다.

⑤ 바구니 속 문제 쪽지가 모두 소진되면 놀이를 종료한다.

⑥ 각자 획득한 문제 쪽지를 세어 개수를 확인하고, 개수가 많은 순으로 순위를 정한다.

주의 !

① 문제를 낼 때는 뒷면을 손으로 가립니다. 정답이 비쳐서 보일 수 있기 때문입니다.

② 글씨를 알아볼 수 없는 쪽지가 있습니다. 그럴 때는 폐지함에 버리고 새 쪽지를 뽑으면 됩니다.

③ 같은 친구하고만 활동하는 친구가 있습니다. 한 번 만난 친구는 다시 만날 수 없다고 공지합니다.

④ 문제 쪽지 바구니는 여유 있는 공간에 놓는 것이 좋습니다. 빽빽한 공간에 두면 아이들이

몰려 복잡해집니다.

⑤ 바구니 옆에 서서 계속 문제를 해결하는 학생이 있습니다. 이는 빨리 문제를 풀기 위함이지만 바구니 주변이 복잡해지게 됩니다. 이에 대해 미리 공지하고, 그럼에도 불구하고 바구니 주변에서만 문제를 해결하는 학생이 있다면 경고를 줍니다.

 **이종대왕 TIP**

국어 골든벨 Day

　1교시 시작 전 10분은 굉장히 중요한 시간입니다. 이 시간을 학생들이 어떤 자세로 보내느냐에 따라 하루가 달라집니다. 선생님들은 몰입할 수 있는 여러 가지 도구를 제시하고 차분하게 학생들이 하루를 시작하길 바랍니다. 저는 주당 5시간의 국어 수업에서 월, 금요일 1교시에 국어 골든벨 Day를 운영합니다. 이번 차시에 소개한 셀프 골든벨뿐만 아니라 '셀프OX한바퀴', '야구 골든벨', '릴레이 짝찾기', 'TOP10 짝찾기' 등 다양한 활동을 번갈아가며 국어 골든벨 Day에 활용하는 것입니다.

　국어 골든벨 Day를 위해 학생들은 1교시 시작 전 10분 동안 미리 교과서를 읽으며 문제를 출제하는 활동을 합니다. 조용히 집중해서 10분 동안 교과서를 읽고 문제를 출제한다면 지루한 국어시간에 즐거운 학습놀이를 하겠다고 서로 약속합니다. 그리고 그 약속이 지켜지면 선생님은 다양한 학습놀이로 학생들과 즐거운 국어시간을 보냅니다.

독해영역	셀프 골든벨, 셀프OX한바퀴, 야구 골든벨
문법영역	릴레이 짝찾기, TOP10 짝찾기, 딩고, 잠자는 코끼리
어휘력	컷팅 스피드퀴즈, 셀프 스피드퀴즈

<본 책에 소개한 국어시간에 활용할 수 있는 학습놀이 예시>

 오늘의 단어학습

오늘 하루에 집중하라 !

오늘의 단어학습은 오늘 하루 동안 선생님이 수업시간에 강조한 내용들을 귀담아 들어야 잘할 수 있는 활동입니다. 어느 교과든 오늘 하루 배웠던 단어들만 활용하며 아침시간에 "오늘 하교시간 20분 전에 오늘의 단어학습을 합니다."라고 공지를 하고 수업 도중에 상기시키면 쉽게 학생들을 수업에 집중시킬 수 있습니다.

쉽고 간편하지만 효율성이 매우 높은 활동입니다.

이렇게 활용하세요!

• 점심시간, 하교 시간 20분 전 시간이 남았을 때
• 전 과목 가능

■ 준비물 : 없음
■ 소요시간 : 20분
■ 대형 : 전체
■ 활동 형태 : 개인
■ 교사 개입 : 10%

<활동영상 보러가기>

준비 ~

① 공책에 10줄, 2칸의 표를 그리고 왼쪽 맨 윗줄에는 '오늘의 단어'라 적고, 오른쪽 맨 윗줄에는 'O / X'라고 적는다.

오늘의 단어	O / X

<오늘의 단어 표>

② 선생님은 오늘 수업한 과목 중 세 개를 정한다.

예) 국어, 수학, 사회

③ 학생들은 오늘 배운 중요한 단어들을 과목당 3개씩 오늘의 단어 칸에 채운다. 수학은 교과서에서 풀었던 문제의 답을 3개 적으면 된다.

오늘의 단어	O / X
주어	
목적어	
서술어	
반달돌칼	
움집	
신석기	
35.6	
원기둥	
8	

<중요 단어를 과목별로
3개씩 채운 모습>

시작 ~ !

① 타이머를 5분으로 설정하고, 시작하면 표를 들고 다니며 친구를 한 명 만난다.

② 가위바위보를 하고 이긴 학생이 표에 적은 단어 한 개를 이야기한다.
예) 반달돌칼!

③ 상대방에게 그 단어가 있으면 해당 단어 옆에 O를 그리고 헤어진다.

④ 만약 없다면 X를 그리고 헤어진다.

⑤ 가위바위보에서 진 학생은 O, X 중 아무것도 그릴 수 없으며 그대로 헤어진다.

오늘의 단어	O / X
주어	O
목적어	X
서술어	O
반달돌칼	O
움집	O
신석기	X
35.6	O
원기둥	
8	

<위와 같은 경우 동그라미가 5개이므로 5점>

⑥ 이와 같이 활동하며 모든 단어 옆에 동그라미나 엑스를 그린 학생은 자리에 앉는다.

⑦ 타이머의 시간이 지나면 동그라미 개수를 센다. 이때 미처 채우지 못한 칸은 X로 간주한다.

⑧ 점수가 높은 학생부터 하교시킨다.

주의 !

① 한 번 만난 친구는 다시 만날 수 없습니다.

② 주지교과뿐만 아니라 예체능 및 창체 수업에서 배웠던 내용을 활용할 수 있습니다. 체육시간의 경우 경기 규칙이나 종목명 등을 적을 수 있으며, 음악은 배운 노래 제목과 가사 중 기억에 남는 단어를 적게 할 수 있습니다.

③ 가위바위보 승패보다 학습한 중요 단어를 상기하는 과정에 주안점이 있는 놀이입니다.

이종대왕 TIP

괜히 열심히 하게 되고 기분 좋은 활동

사실 1등은 꼴등보다 고작 1~2분 일찍 하교하는 것뿐이지만 아이들은 먼저 교실을 떠나는 자체에 굉장히 기뻐합니다. 수업 종료 전 20분을 할애하여 하교시간뿐 아니라 점심 배식 순서를 정하는 활동으로 활용해도 좋습니다.

종목은 남은 시간에 따라 다양하게

'오늘의 단어학습'과 목적은 같으나 방식은 달리할 수 있습니다. 시간이 많이 남았다면 4×4 빙고판에 오늘 배운 핵심단어들을 채우고 3줄 빙고를 먼저 완성한 학생부터 하교시키는 방법이 있습니다. 조금 애매하면 3×3 빙고, 남은 시간이 짧다면 이번 차시에 소개한 오늘의 단어학습을 활용하면 됩니다.

PART 02

개입 NO!
학생 스스로
활동하는
수업 놀이

REVIEW

"

애들도 너무 재미있어 하고 진짜 저는 할 일이 없네요. ㅎㅎ
그리고 애들이 진짜 문제를 다 외웠어요!

선생님 올려주신 건 한 번도 실패가 없었어요! 이번 활동도 애들 반응이 진짜 파격적이었어요. 저희 반 애들 정말 쉬는 시간 칼같이 지키는데, 이거 한다고 무아지경에 빠져서 종이 치는지도 아무도 모르고 있었던 거 있죠! 너무 감사드립니다!

단원 전체 내용을 쭉 훑어볼 수 있고 매우 좋았습니다.
선생님 덕분에 재미있게 단원 도입 시작했습니다.

문제를 직접 풀 뿐 아니라 자기가 출제까지 하니 더 폭넓게 이해할 수 있었습니다.
정말 마음에 드는 방법입니다.

아이들이 정말 신나게 참여했습니다. 끝나고 쪽지를 많이 가지지 못한 친구들은 자신의 실력을 깨닫고 다시 공부해야겠다는 학습동기도 생긴 것 같습니다.

단원 마무리 학습활동에도 즐겁게 활용할 수 있는 꿀팁 감사합니다. 우리 반 아이들도 푼 문제를 보물처럼 잘 챙기는 모습이 너무 귀여웠어요. 능력자 쌤, 복 많이 받으세요~!

- 'PART 02의 수업놀이'에 대한 교사 커뮤니티 댓글 후기 중

"

 21 점프회전학습

머리를 굴려라 ! 단계를 뛰어넘어라 !

　문제 출제와 해결의 경계가 없는 획기적인 놀이입니다. 모두 문제를 해결해야 하며 때론 출제해야 합니다. 모든 단계를 통과해야 점수를 획득할 수 있지만 행운이 깃들면 2문제만 해결해도 손쉽게 점수를 낼 수 있습니다. 무엇보다 이 모든 과정이 선생님의 개입 없이 아이들 스스로 자연스럽게 이루어집니다. 점프회전학습은 단계를 뛰어넘을 수 있어 '점프', 돌고 돌며 문제를 해결하는 '회전'을 합쳐 점프회전학습이 되었습니다.

이렇게 활용하세요!

- 수업 20~30분 전개활동
- 수학 : 연산영역, 단위, 도형의 넓이 등
- 사회, 과학 : 단원정리활동

- ■ 준비물 : 학습지(20문항 이상)
- ■ 소요시간 : 20~30분
- ■ 대형 : 전체
- ■ 활동 형태 : 개인 + 모둠
- ■ 교사 개입 : 10%

점프회전학습

〈활동영상 보러가기〉

준비 ~

① 단원도입빙고나 기타 학습지를 활용하여 문제와 정답이 모두 적힌 문제지를 준비한다. 그리고 문제지의 문항 수를 8등분하여 8단계로 설정한다.

1단계	과학을 공부하면서 궁금했거나 더 알고 싶었던 것이 있었나요? 궁금한 것을 ( ) 문제로 정하고 ( )를 시작해 봅시다.	탐구
	탐구 문제를 해결하려면 먼저 ( )을 세워야 합니다.	계획
	동물은 그 특징에 따라 날개가 있는 것과 날개가 없는 것, 다리가 있는 것과 다리가 없는 것, 물속에서 살 수 있는 것과 물속에서 살 수 없는 것 등으로 ( )할 수 있습니다.	분류
2단계	( )에는 뱀, 사막여우, 낙타, 도마뱀, 사막 딱정벌레, 전갈, 사막 거북 등 다양한 동물이 삽니다.	사막
	동물의 특징을 이용한 생활용품 2가지 이야기하기	칫솔걸이 물갈퀴 집게
	궁금한 것은 잊지 않도록 ( )합니다.	기록

<24문제일 경우 그림과 같이 3문제씩 8단계>

② 교실 오른쪽에 책상 3개, 뒤편에 3개, 왼쪽에 2개를 두어 총 8단계를 만들고 나머지 책상들은 최대한 가운데로 붙인다.

	6단계		5단계		4단계	
	공간					
7 단 계						3 단 계
공간		가운데로 모은 책상			공간	2 단 계
8 단 계		주사위 1개 놓기				1 단 계
		칠판				

<점프회전학습 대형>

③ 칠판에는 모둠 이름을 적고 칠판 앞에 주사위 한 개를 놓는다. 이때 빠른 진행을 위하여 주사위 개수를 추가할 수 있다.

<칠판에 모둠을 적은 모습과 주사위 위치>

④ 각 모둠별로 문제 출제자를 1명씩 정해 각 단계 책상에 앉는다.

예) 1모둠의 출제자는 1단계로, 2모둠의 출제자는 2단계로, 3모둠의 출제자는 3단계로

⑤ 6모둠일 경우 남은 7, 8단계의 출제자는 뽑기 프로그램으로 선정한다.

⑥ 모든 단계의 출제자가 배정되면 각 모둠의 시작 위치를 정한다. 뽑기 프로그램에서 1~2번째로 뽑힌 모둠은 1단계 앞으로, 그다음으로 선출된 두 모둠은 4단계 앞으로, 마지막 두 모둠은 7단계 앞으로 줄을 선다.

시작 ~ !

① 시작하면 맨 앞의 학생부터 각 단계의 문제를 해결한다.

예) 1단계에서 시작한 모둠은 1단계부터

4단계에서 시작한 모둠은 4단계부터

7단계에서 시작한 모둠은 7단계부터

② 각 단계의 출제자는 가지고 있는 3개의 문제 중 1개를 골라 출제한다.

③ 정답을 맞힌 학생은 다음 단계로 이동하고, 줄 서 있던 다음 학생이 차례로 문제를 해결한다.

④ 틀린 학생은 해당 단계의 출제자로 역할이 바뀌고, 반대로 출제자였던 학생은 다음 단계로 가서 문제를 해결한다.

예) 3단계에서 문제를 틀리면 3단계의 출제자가 되고, 반대로 문제를 내던 학생은 4단계부터 문제를 해결

⑤ 8단계까지 통과한 학생은 칠판 모둠 점수판에 동그라미를 그리고 주사위를 굴린다.

⑥ 주사위를 굴려 나온 숫자에 해당하는 단계로 점프하여 계속 문제를 해결한다. 예를 들어 주사위 숫자 1이 나오면 1단계, 2가 나오면 2단계, 3이 나오면 3단계로 가는 방식이다.

⑦ 어떤 단계에서 시작하든 8단계까지 통과하면 칠판에 점수를 체크하고 주사위를 굴리면 된다.

⑧ 일정 시간이 다 되었을 때 모둠 점수가 높은 순으로 순위를 정한다.

주의 !

① 8단계 출제자의 경우 상대방이 문제를 틀리면 역할이 바뀌나 다음 단계가 없기 때문에 바로 칠판에 동그라미를 그리고 주사위를 굴릴 수 있습니다.

② 칠판에 단계별 위치를 그림으로 그려 놓거나 PPT를 화면에 띄워놓습니다(PPT는 '이종대왕 블로그'에서 다운).

③ 출제자는 문제를 읽지 말고 보여주기만 합니다. 그리고 손가락으로 10초를 천천히 세고 그 안에 답을 말하지 못하면 단호하게 탈락을 외칩니다.

④ 처음 시작할 때 문제를 해결해야하는 단계(1단계, 4단계, 7단계의 문제)는 쉬운 문제들로 구성하는 것이 좋습니다. 문제가 너무 어려우면 계속 출제자와 역할을 바꾸면서 시간이 많이 소요되기 때문에 지체될 수 있습니다.

🐧 이종대왕 TIP

절호의 기회

점프회전학습을 포함한 모든 학습놀이는 반드시 사전에 스스로 공부할 시간을 제공해야 합니다. 그것이 5분이든 10분이든 꾸준하게 공부할 시간을 주고 스스로 공부하는 습관을 형성해주는 것이 좋습니다. 놀이 전에 공부할 시간을 주면 아이들은 평소보다 더욱 열심히 집중하며 공부를 합니다. 공부한 것을 바로 써먹을 수 있기 때문이죠.

따라서 아이들 스스로 공부하는 습관을 길러줄 수 있는 '절호의 기회'가 되는 것입니다. 아무리 진도가 바빠도 아이들이 원해서 공부할 수 있는 절호의 기회를 놓치지 마시고 공부할 시간을 꼭 놀이 전에 제공하기 바랍니다.

뽑기 프로그램보다 공정한 시스템은 없다

점프회전학습은 운에 따라 문제를 풀기 시작하는 위치가 다르게 정해집니다. 7단계부터 시작하면 금방 점수를 낼 수 있으니 유리하고, 1단계부터 시작하는 모둠은 아무래도 8단계까지 모두 문제를 풀어야 하기 때문에 불공평하다고 느낄 수 있습니다. 따라서 방식을 충분히 설명하고 뽑기 프로그램을 활용하여 공정하게 시작 위치를 정합니다.

그럼에도 불만을 제기하는 학생들이 있다면 'PART 00의 놀이 규칙' 중 승부욕에 해당하는 사항이므로 경고를 줄 수 있습니다. 또한 초반에는 유리한 위치에서 시작한 모둠이 앞서 나가겠지만 어느 정도 진행되면 점수가 균형 있게 올라갑니다.

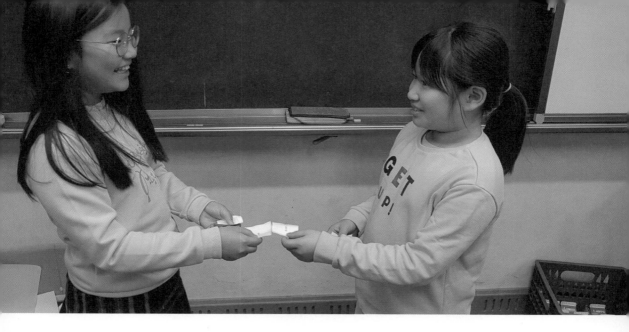

 **TOP10 짝찾기학습**

10등 안에 들어라!

TOP10 짝찾기학습은 정적인 수업시간에 활력을 불어넣을 수 있는 매우 동적인 활동입니다. 수많은 방식의 짝찾기 활동을 해 보며 좀 더 신나고 재미있는 활동방법을 고민하다가 TOP10 짝찾기 활동을 고안하게 되었습니다. 이미 유튜브를 통해 많은 선생님들께서 현장에 적용하고 있는 검증된 학습놀이이며, 인디스쿨 등의 교사 커뮤니티에 선생님들께서 직접 제작한 TOP10 짝찾기 학습지가 꾸준히 탑재되고 있습니다. 그만큼 쉽게 활용 가능합니다.

이렇게 활용하세요!

- 수업 10~20분 전개활동
- 국어 : 문장 만들기, 인과관계, 접속사, 감각적 표현 등
- 수학 : 분수와 소수, 단위, 약수와 배수 등
- 사회, 과학 : 역사 시대별 특징, 우리 몸, 옛날과 오늘날 모습 등

- ■ 준비물 : 학습지
- ■ 소요시간 : 20분
- ■ 대형 : 전체
- ■ 활동 형태 : 개인
- ■ 교사 개입 : 10%

TOP10짝찾기

<활동영상 보러가기>

준비 ~

① 반 학생 수에 맞게 쌍이 있는 학습요소들로 학습지를 제작한다.

예) 28명이면 14쌍으로 이루어진 학습지 제작, 또는 7쌍의 문제를 복사하여 14쌍

1cm	10mm	1cm 5mm	15mm
2cm	20mm	2cm 3mm	23mm
3cm	30mm	3cm 8mm	38mm

<TOP10 짝찾기용 학습지 예시>

② 4부 복사한다.

③ 모두 잘라 바구니에 넣는다.

④ 한 명당 4장의 쪽지를 뽑는다.

시작 ~ !

① 놀이가 시작되면 다른 학생을 만나 서로 가진 쪽지를 확인하여 짝을 찾는다.

② 내 쪽지의 짝을 가진 친구를 만나면 함께 선생님께 가서 검사받는다.

③ 정답이면 바구니에 해당 쪽지를 접어 넣고 나머지 쪽지들의 짝을 찾으러 돌아다닌다.

④ 위의 과정을 반복하며 자신의 쪽지를 모두 바구니에 넣은 친구는 "다했어요!"라고 선생님께 말하고, 선생님은 등수를 알려준다.

⑤ 10등까지 등수가 정해지면 경기를 끝내고 나머지 쪽지들은 다시 바구니에 넣는다.

⑥ 1~10등까지 호명하며 칭찬 시간을 갖는다.

⑦ 1등한 학생이 다음 판의 선생님 역할을 하며 다시 활동을 시작한다.

주의 !

① 선생님께 검사받을 때 이미 다른 학생들이 검사받고 있으면 뒤로 줄을 섭니다.

② 두 쌍의 쪽지를 찾아도 한 번에 한 쌍의 쪽지만 낼 수 있습니다. 따라서 한 쌍의 쪽지만 제출하고 다시 뒤로 줄을 섭니다.

③ 한 명이 한 쌍의 쪽지를 갖고 있는 경우 다른 친구와 쪽지를 교환한 후 둘이 함께 검사를 받습니다. 한 명이 혼자 검사받을 수 없습니다.

④ 학생 수가 홀수여도 상관없습니다. 짝수로 학습지를 제작하고 나눠주면 몇 장이 남겠지만 10등까지 등수가 정해지면 한 판이 끝나는 구조이기 때문입니다.

⑤ 소리를 지르며 자신의 짝을 찾는 학생이 있습니다. 친구와 만나 쪽지를 직접 확인하며 짝을 찾아야 합니다. 소리를 지르며 짝을 찾는 행동을 할 경우 등수에서 제외합니다.

🐧 이종대왕 TIP

긴 호흡으로 진행

TOP10 짝찾기학습은 한 차시에 2~3번 반복할 것을 추천합니다. 반복할수록 10등까지 찾는 데 시간이 단축됩니다. 우수한 학생들은 배웠던 내용에 익숙해지고, 부진한 학생들은 우수한 학생들이 자신이 가진 쪽지의 짝을 찾으러 오기 때문에 자연스럽게 배울 수 있습니다. 2~3번 하다 보면 의외의 인물들이 TOP10 안에 포함된 것을 쉽게 발견할 수 있습니다.

자연스러운 보상

또래선생님 제도를 활용합니다. 다음 놀이를 할 때, 첫 번째 판에서 1등한 학생은 선생님 역할(짝이 맞는지 검사하는 역할)을 할 수 있습니다. 1등한 학생에게 이보다 더 좋은 보상은 없을 것입니다. 또한 검사하는 과정에서 더 큰 배움도 얻을 수 있습니다.

<전 판에서 1등한 학생이 다음 판의 선생님 역할을 하는 장면
- 선생님 자리에 앉을 수 있다는 것만으로도 큰 보상이 됨>

학습도우미 제도 활용

학습도우미 제도를 활용합니다. 이 활동을 몇 번 진행하면 이 놀이를 적용할 수 있는 다른 교과나 단원, 차시가 떠오릅니다. 그런 부분들을 미리 찾아놓았다가 교과시간에 문제를 다 풀고 "다했는데 이제 뭐해요?"라고 묻는 선행학습이 잘된 아이들에게 짝찾기 학습지 문제를 출제하도록 합니다. 약 5명의 아이들에게 이 일을 맡기면 10분도 안 되어 뚝딱 문제를 만들어옵니다. 아이들은 문제를 만들며 학습하게 되고 자신이 만든 문제가 학습놀이에 쓰인다는 사실에 큰 동기 유발이 됩니다. 또는 1인 1역으로 학습도우미를 배정하여 틈틈이 제작하게 합니다.

셀프TOP10 짝찾기

문제를 제작하는 단계부터 활동으로 포함할 수 있습니다. 1명당 2쌍씩 제작하면 모두 4장씩 가지고 활동할 수 있습니다. 선생님은 주제와 범위만 정해주면 됩니다. 만약 주제가 3학년 사회 '옛날과 오늘날의 생활 모습'이라면 아래와 같이 칠판에 주제와 범위를 적어줍니다. 학생들은 자신의 모둠 번호에 해당하는 주제에 맞는 문제를 2쌍 제작합니다.

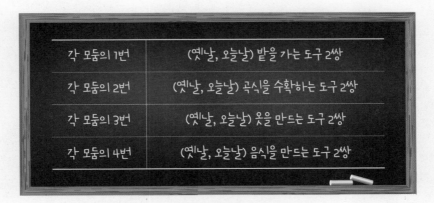

각 모둠의 1번	(옛날, 오늘날) 밭을 가는 도구 2쌍
각 모둠의 2번	(옛날, 오늘날) 곡식을 수확하는 도구 2쌍
각 모둠의 3번	(옛날, 오늘날) 옷을 만드는 도구 2쌍
각 모둠의 4번	(옛날, 오늘날) 음식을 만드는 도구 2쌍

<칠판에 주제와 범위를 제시한 모습>

<각자 맡은 주제에 맞는 문제 4쌍을 제작한 모습>

어깨동무 TOP10 짝찾기

만약 학습주제의 한 쌍이 3~4개로 이루어져 있다면, 3~4명이 팀을 이루어 쌍을 찾도록 하고 어깨동무를 하며 검사받는 방식도 좋습니다.

<4장의 쌍을 찾아 어깨동무를 하며 검사받으러 오는 모습>

릴레이 짝찾기 (3종)

뭐가 그렇게 웃기니?

앞 차시에 소개한 TOP10 짝찾기가 1:1활동이라면 이번 릴레이 짝찾기는 모둠끼리 활동하는 유형입니다. TOP10 짝찾기가 1쌍의 문제를 찾는 활동이라면 릴레이 짝찾기는 3쌍 또는 4쌍의 짝을 찾는 활동입니다. 학습주제에 따라 TOP10 짝찾기와 릴레이 짝찾기를 적절하게 적용하면 언제든지 즐거운 수업을 할 수 있습니다. 또한 응용하기에 따라 학기 초 이름 외우기 활동으로도 활용 가능합니다.

이렇게 활용하세요!

- 수업 시작 후 10분 전시학습내용 상기
- 수업 20분 전개활동 및 수업 끝나기 10분 전 정리활동
- 국어 : 문장의 구조, 호응관계, 속담 등
- 수학 : 분수의 통분, 단위, 입체도형의 구성요소 등
- 사회, 과학 : 시대별 인물, 문화재, 유물, 인물, 식물의 구조, 사는 곳에 따른 동물 분류 등

- ■ 준비물 : 학습지
- ■ 소요시간 : 10~20분
- ■ 대형 : 모둠
- ■ 활동 형태 : 모둠
- ■ 교사 개입 : 10%

23 릴레이 짝찾기

<활동영상 보러가기>

준비 ~

① 3~4개가 한 쌍인 학습요소들이 10쌍 정도 포함된 학습지를 만든다.

티끌	모아	태산
누워서	떡	먹기
백지장도	맞들면	낫다

<릴레이 짝찾기용 학습지>

② 학습문제는 모둠별로 직접 빈 칸에 채우며 제작해도 된다.

③ 쌍이 많으면(10쌍 이상) 1부만 복사하고, 쌍이 적으면 2부 복사한다.

④ 학습지의 단어들을 잘라 두 번 접어 바구니에 넣는다.

⑤ 교실 가운데에 바구니를 놓는다.

⑥ 모둠 대형으로 만들고 모둠 내에서 1, 2, 3, 4번과 같이 순서를 정한다.

시작 ~ !

① 시작하면 각 모둠의 1번 학생이 바구니에서 쪽지를 뽑고 모둠으로 와서 펼친다.

② 다음 2번 학생이 바구니에서 쪽지를 뽑고 모둠으로 돌아와 펼친다.

③ 다음 3번 학생이 바구니에서 쪽지를 뽑고 모둠으로 돌아와 펼친다.

④ 3장이 한 쌍이기 때문에 4번 학생은 3장의 쪽지 중 가장 필요 없는 쪽지 한 장을 두 번 접어 바구니에 반납하고 새로운 쪽지를 뽑아 온다.

<위와 같이 3장이 모였으면 '먹기'를 반납하고 새로운 쪽지를 가져옴>

⑤ 1번 학생이 다시 필요 없는 쪽지를 두 번 접어 반납하고 새로운 쪽지를 가져온다.

⑥ 차례대로 위의 과정을 반복하다가 1쌍의 짝을 찾으면 모둠 전체가 손 머리를 하고 선생님을 기다린다.

⑦ 정답이면 칠판에 있는 자신의 모둠 칸에 O를 그린 뒤 쪽지들을 반납하고 처음부터 다시 시작한다.

⑧ 시간이 경과했을 때 모둠 점수가 많은 순으로 순위를 정한다.

주의!

① 마음이 급해 바구니에서 가까이 앉은 사람만 계속 쪽지를 뽑아 오는 모둠이 있습니다. 모두가 돌아가며 쪽지를 뽑아야 된다고 놀이 전에 강조합니다.

② 문제는 학생들이 직접 제작해도 됩니다. 각 모둠마다 범위를 정해주고 3장 또는 4장을 한 쌍으로 출제한 뒤 점검 후 활동합니다.

 **24 이름 릴레이놀이**

<활동영상 보러가기>

(준비과정은 같으나 방식이 다소 상이하다.)

시작 ~ !

① 학생들의 이름으로 학습지를 구성한다. 칸이 그려진 종이만 나누어주고, 학생들이 직접 자신
  의 이름을 써도 된다.

이	종	혁
마	동	석
이	다	영

<이름 릴레이용 학습지>

② 한 글자씩 모두 오려 두 번 접고 바구니에 넣는다.

③ 시작하면 릴레이 짝찾기 방식처럼 차례대로 쪽지를 뽑아 온다.

④ 우리 반 학생의 이름을 찾으면 모둠원이 다 함께 그 학생에게 가서 하이파이브를 하고 칠판의
  모둠 번호에 동그라미를 그린다.

⑤ 찾은 쪽지는 모두 반납하고 처음부터 다시 시작한다.

⑥ 시간이 다 지났을 때 모둠 점수가 많은 순으로 순위를 정한다.

25 단어조합 릴레이

<활동영상 보러가기>

시작 ~ !

① 이름 릴레이와 같이 학생들의 이름이 적힌 학습지를 제작한다.

② 이번에는 이름을 찾는 것이 아니라 단어를 찾는다.

   예) 이종혁의 '이'와 마동석의 '마'가 조합되면 '이마'가 완성

③ 이렇게 단어를 찾으면 칠판의 자기 모둠 밑에 '이마'라고 적은 뒤 계속 활동한다. 이때 처음부터 다시 하는 것이 아니라 3장의 쪽지 중 한 장만 반납하고 새로 뽑아 진행한다.

<단어조합 릴레이활동으로 3학년 학생들이 만든 단어>

④ 단어는 한 글자부터 세 글자까지 인정되며 글자 수에 따라 1~3점으로 채점한다.

 이종대왕 TIP

놀이의 기술

만약 3장이 한 쌍일 경우, 각 모둠은 쪽지를 3장까지만 가질 수 있습니다. 하지만 이해

를 못한 모둠은 4장, 5장 등 계속 쪽지를 가져옵니다. 규칙을 설명한 뒤 다시 되묻는 기술을 'Call Back'이라고 합니다. "항상 책상 위에는 몇 장의 쪽지만 있어야 하죠?"처럼 규칙을 되물으며 한 번 더 인지시켜 주세요. 또한 한 모둠을 대상으로 시범을 보이는 '리허설'도 원활한 진행을 위해 꼭 잊지 말아야 할 기술입니다.

학기 초 친교활동으로 최고

이름 릴레이놀이는 한 학생의 이름을 머릿속에 인지하며 끊임없이 찾기 때문에 학기 초 이름외우기 활동으로 적격입니다. 부담스럽지 않고 즐겁게 이름을 외울 수 있는 방법입니다. 또한 다양하게 조합하며 친구들의 이름에 친근함을 느낍니다. '이종혁'이라는 이름이 '이종종', '이종박' 등으로 조합되기만 해도 깔깔대며 웃는 소리가 여기저기서 들립니다. 아무리 뽑아도 보이지 않던 마지막 단어가 드디어 나왔을 때 자리에서 벌떡 일어나 해당 친구에게 가서 하이파이브를 합니다. 하이파이브를 받은 학생은 세상 그 누구에게보다 큰 환영을 받게 됩니다.

3구역 도전학습 (2종)

왕에 도전하라!

각각의 마을에서 이장을 뽑습니다. 신분의 제약 없이 말단부터 시작해도 이장이 될 수 있습니다. 뽑힌 이장은 왕에 도전할 수 있습니다.

능력 있는 사람이 언제든지 왕이 될 수 있으며, 다시 평민이 될 수도 있습니다.

이 모든 과정이 학습을 하며 자기주도적으로 이루어집니다.

어떤 방식인지 만나볼까요?

이렇게 활용하세요!

- 수업 20~30분 전개활동
- 수학 : 연산영역, 단위, 도형의 넓이 등
- 사회, 과학 : 단원정리활동
- 창체

- 준비물 : 학습지(20문항 이상)
- 소요시간 : 30~40분
- 대형 : 모둠
- 활동 형태 : 개인 + 모둠
- 교사 개입 : 10%

<활동영상 보러가기>

26 3구역 도전학습

준비 ~

① 15~20개 이상의 문제가 있는 학습지를 준비한다.

　　예) 인디스쿨의 단원도입빙고, 또는 일반적인 괄호학습지 등

② 학생 스스로 문제를 풀어본 뒤 선생님이 불러준 답과 대조하여 틀린 답을 바르게 고친다.

③ 28명 기준 교실 왼쪽, 오른쪽, 뒤쪽에 각각 의자 8개를 놓고 교실 앞쪽에는 4개를 놓는다

　　(학생수가 28명이 아닐 때는 오른쪽과 왼쪽, 뒤쪽 의자의 수는 통일하고 앞쪽 의자는 4~5개 정도 배치).

④ 책상들은 모두 가운데로 최대한 모은다.

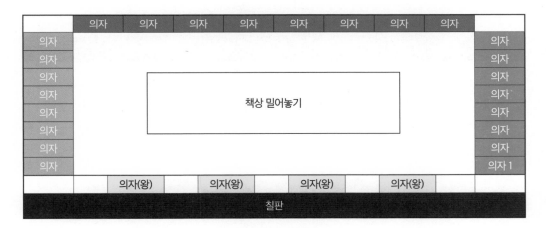

<3구역 도전학습 대형>

⑤ 뽑기 프로그램을 활용하여 오른쪽 첫 번째 의자 1부터 반시계 방향으로 아이들을 모두 앉힌다

　　(28명 전원 의자에 앉음).

⑥ 모두 학습지를 들고 있으며 답란을 보이지 않도록 접어둔다. 점프회전학습과 같이 단계별로 문제를 나눠 가지지 않고 모든 학생이 전체 문항이 적힌 학습지를 갖고 있다.

시작 ~ !

① 타이머를 20분으로 설정하고, 시작하면 아래 그림의 파란색, 빨간색, 분홍색 구역 각각의 학생 1부터 학생 2로 가서 문제를 해결한다.

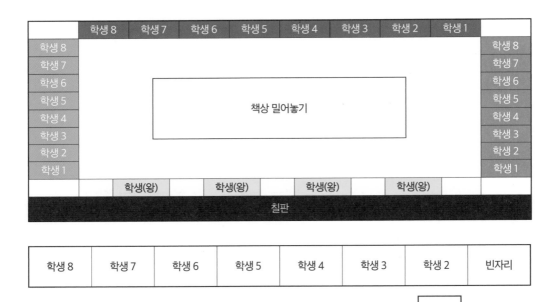

<학생 1이 학생 2 앞에 서서 문제를 해결하는 장면>

② 학생 2는 학습지의 문제 중 1개를 보여주고 풀게 한다.

③ 답을 맞히면 학생 3으로 가서 계속 문제를 해결한다.

학생 8	학생 7	학생 6	학생 5	학생 4	학생 3	학생 2	빈자리

학생 1

<학생 2를 통과하여 학생 3의 문제를 학생 1이 해결하는 장면>

④ 틀린 경우 역할을 서로 바꾼다.

예) 학생 1은 학생 3의 의자에 앉게 되고 학생 3은 학생 4앞에 가서 문제를 해결

학생 8	학생 7	학생 6	학생 5	학생 4	학생 1	학생 2	빈자리

학생 3

<문제를 틀린 학생 1은 학생 3의 자리에 앉고, 학생 3이 학생 4 앞에서 문제를 해결하는 장면>

⑤ 이때 학생 2는 학생 1로 가서 문제를 해결한다.

학생 8	학생 7	학생 6	학생 5	학생 4	학생 1	빈자리	빈자리

학생 3　　학생 2

<학생 2가 학생 1 앞에 가서 문제를 해결하는 장면>

⑥ 만약 학생 3과 학생 2가 아래 그림과 같이 문제를 맞히고 이동했다면

학생 8	학생 7	학생 6	학생 5	학생 4	학생 1	빈자리	빈자리

학생 3　　학생 2

<학생 3과 학생 2가 계속 문제를 맞히고 이동한 장면>

⑦ 학생 1 역시 옆의 자리가 비었기 때문에 학생 4로 가서 문제를 해결한다.

| 학생 8 | 학생 7 | 학생 6 | 학생 5 | 학생 4 | 빈자리 | 빈자리 | 빈자리 |

| 학생 3 | 학생 2 | 학생 1 |

<학생 1이 학생 4로 가서 문제를 해결하는 장면>

※ QR코드 영상의 3분 6초~3분 55초를 보면 쉽게 이해할 수 있으며 생각보다 단순하다.

⑧ 학생 8을 통과한 학생은 4명의 왕 중 한 명에게 도전한다. 역시 왕이 낸 문제를 해결하고 맞히면 왕 자리를 뺏는다.

| 왕 1 | 왕 2 | 왕 3 | 왕 4 |

| 학생 3 |

<모든 단계를 통과한 학생 3이 왕 중 한 명에게 도전하는 장면>

⑨ 왕 자리를 뺏긴 학생은 3구역의 빈 의자 중 가장 높은 단계부터 앉아 바로 문제풀기를 시작한다. 이때 어떤 구역을 선택해도 상관없다.

| 학생 8 | 학생 7 | 학생 6 | 학생 5 | 빈자리 | 빈자리 | 빈자리 | 빈자리 |

| 학생 4 | 학생 2 | 왕 2 |

<학생 3에게 왕 자리를 뺏긴 왕 2가 바로 학생 5에게 다시 도전하는 장면>

⑩ 왕에게 도전해 문제를 틀린 학생 역시 3구역의 빈 의자에서 다시 도전하면 된다. 역시 어떤 구역을 선택해도 좋다.

⑪ 타이머의 시간이 다 지났을 때 왕의 자리에 앉은 4명을 최종 왕으로 선정!

주의!

① 문제는 말보다 손으로 짚고 보여주는 편이 낫습니다. 그리고 손으로 짚은 뒤 손가락으로 10초를 천천히 세고, 10초가 지날 때까지 답을 말하지 못하면 단호하게 탈락을 외칩니다.

② 문제를 출제하는 학생은 미리 어떤 문제를 낼지 생각해 놓고 바로바로 출제합니다. 오래 고민하면 줄이 밀리기 때문입니다.

③ 게임 중반부터 왕 자리에 대기줄이 길어질 수 있습니다. 왕 자리를 5~8자리로 늘리는 것도 좋습니다.

27 가위바위보 3구역 도전!

(준비과정은 같으나 방식이 다소 상이하다.)

시작 ~ !

① 아래 그림과 같이 각 구역마다 각기 다른 종목을 배정한다.

② 1구역은 만세가위바위보, 2구역은 졌다가위바위보, 3구역은 숫자가위바위보로 정하고 문제를 해결하는 대신 가위바위보놀이로 승부를 낸다.

3구역 도전학습

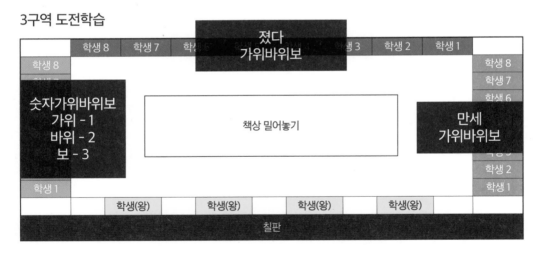

<가위바위보 3구역 도전>

③ 만세가위바위보

가위바위보를 한 뒤 이긴 학생은 만세를 하며 "이겼다!"를 외쳐야 하고, 진 학생은 만세를 하며

"졌다!"라고 외친다. 둘 중 먼저 말한 학생이 승리하며, 가위바위보에서 비겼을 경우 만세를 하며 "비겼다!"를 먼저 말해야 승리하는 방식이다.

④ 졌다가위바위보

"가위~바위~보" 3박자에 맞춰 앉아 있는 학생이 먼저 가위바위보 중 한 개를 내면 4번째 박자에 도전하는 학생이 가위바위보에 져야 하는 방식이다.

　　예) 앉아 있는 학생이 '가위'를 내면 도전하는 학생은 4박자에 바로 '보'를 내야 승리

⑤ 숫자가위바위보

가위는 '1', 바위는 '2', 보는 '3'으로 숫자를 정하고 가위바위보를 냈을 때 숫자의 합을 먼저 말한 학생이 이기는 방식이다.

　　예) 가위와 바위를 냈다면 가위는 '1', 바위는 '2'이므로 먼저 그 합인 "3!"을 말한 학생이 승리

⑥ 왕과 승부할 땐 왕이 3가지 종목 중 한 개를 선택할 수 있다.

🐧 이중대왕 TIP

다다익선(多多益善)

처음 3학년 학생들과 3구역 도전학습을 했을 때 학습지의 문제는 15개였습니다. 어려운 주제에 생소한 단어가 많이 나오는 단원이었기 때문에 문항 수를 15개로 적게 정했죠. 이것도 많다고 생각했는데 막상 놀이해 보니 제가 아이들을 과소평가한 격이 되어버렸습니다. 거의 쉴 틈 없이 모두가 문제를 풀고 있거나 문제를 내는 상황에 놓이기 때문에 15문제쯤은 금방 아이들이 학습하고 외우게 됩니다. 덕분에 타이머 1분이 남았을 때는 왕의 자리가 계속 바뀌는 매우 흥미진진하고 스릴 있는 상황이 발생하게 되었고, 앞으로 3구역 도전학습을 할 때는 문항 수를 많이 늘려야겠다고 생각했습니다.

암기학습은 대접받지 못하는 서러운 세상

초등교육에서 일제고사가 사라지며 학생들이 학습내용을 암기하는 모습 또한 사라졌습니다. 교사들도 암기학습보다 활동 및 원리 탐구 중심 수업에 초점을 맞추고 수업연구

를 하는 추세입니다. 하지만 암기는 여전히 우리나라 교육의 근간을 이루고 있습니다. 아무리 창의성을 중시한다고 해도 어느 정도 숙지된 지식이 필요하므로 암기는 꼭 필요한 능력입니다. 그러나 요즘 초등학교에서는 암기를 시킬 명분이 없습니다. 시험이 없기 때문에 학생들은 외울 필요성을 느끼지 못하며 억지로 시킨다고 해도 제대로 암기할 리 만무합니다.

다만 재미있는 활동이라면 이야기가 달라집니다. 단순하게 반복적으로 외우는 지루한 암기가 아니라 활동적으로 몸을 움직이며 명확한 목표가 있는 암기학습은 아이들이 오히려 놀이처럼 즐거워하며 자연스럽게 암기능력을 키울 수 있게 됩니다.

이번 책에는 학생들이 정말 재미있게 암기에 몰입할 수 있는 학습놀이를 총 5가지 소개했습니다.

문제 사냥놀이
피라미드학습
점프회전학습
3구역 도전학습
GOGO 전진학습

<본 책에서 소개된 몰입도 높은 암기학습놀이>

사회나 과학 교과에서 단원별 정리학습으로 골고루 섞어 활용하거나 거꾸로 학습형태로 미리 핵심단어를 학습놀이로 숙지시키고 본 단원을 학생 중심 활동으로 구성한다면 좀 더 효율적인 수업을 운영할 수 있습니다.

딩고 (4종)

카드게임의 묘미

보드게임을 응용한 딩고 카드게임은 이미 널리 전파된 학습놀이입니다.

그만큼 학습에 효과적이며 진짜 카드게임을 하는 것처럼 실감나고 재미있습니다.

또한 딩고의 규칙을 조금씩 바꾸면 더욱 다채로운 학습놀이가 가능합니다.

딩고학습 4종 세트를 지금부터 소개합니다.

이렇게 활용하세요!

- 수업 시작 후 20분 전시학습내용 상기
- 수업 20~30분 전개활동
- 수업 끝나기 20분 전 정리활동
- 국어 : 문장의 구조, 호응관계, 속담 등
- 수학 : 분수의 통분, 단위, 입체도형의 구성요소 등
- 사회나 과학 : 시대별 문화재, 유물, 인물, 식물의 구조, 사는 곳에 따른 동물 분류 등

- ■ 준비물 : 3~4장이 한 쌍인 카드 4쌍
- ■ 소요시간 : 20분
- ■ 대형 : 모둠
- ■ 활동 형태 : 모둠
- ■ 교사 개입 : 5%

<활동영상 보러가기>

준비 ~

① 3~4개가 한 쌍인 학습요소들이 4쌍으로 구성된 카드 세트를 만든다. 모둠별로 표를 인쇄한 색지를 나누어주고 직접 제작하도록 하여도 무방하다.

② 뒷면이 보이지 않게 색지로 출력한다.

열대기후	일 년 내내 기온이 높고 강수량이 많다.	베트남, 인도네시아, 브라질
건조기후	일 년 동안의 강수량이 500mm가 채 되지 않는다.	이집트, 사우디아라비아, 호주
온대기후	사계절이 비교적 뚜렷하고 여름에 강수량이 많으며 겨울에는 적다.	대한민국, 영국, 이탈리아
냉대기후	사계절이 나타나지만 온대기후보다 겨울이 더 춥고 길다.	러시아, 스웨덴, 핀란드, 캐나다, 노르웨이

<색지로 출력한 딩고 카드 한 세트>

③ 모둠당 한 세트씩 가진다.

④ 잘 섞은 뒤 한 명당 3장씩 가진다(3장이 한 쌍일 경우 3장씩, 4장이 한 쌍일 경우 4장씩).

시작 ~ !

① 자신이 받은 카드 중 쌍에 포함되지 않는 카드를 생각해 둔다.

건조기후	열대기후	일 년 내내 기온이 높고 강수량이 많다.

<위의 경우 '건조기후' 카드 필요 없음>

② 모둠장이 "버려!"를 외침과 동시에 필요 없는 카드 한 장을 뒤집어 가운데에 내려놓는다.

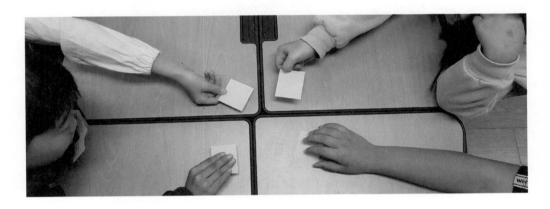

③ 모둠장이 "집어!"를 외침과 동시에 가운데에 있는 카드 중 한 장을 뽑아 온다.

④ 다시 자신이 가지고 있는 카드들이 쌍이 되는지 확인한다.

⑤ 가지고 있는 모든 카드가 한 쌍이 되기 전까지 ②~④의 과정을 반복한다.

⑥ 가지고 있는 모든 카드가 한 쌍이 된 학생은 "딩고!"를 외친다.

⑦ 나머지 학생들은 딩고를 외친 학생의 카드가 한 쌍이 맞는지 확인하고 1점을 체크한다.

⑧ 처음부터 다시 시작한다.

주의 !

① 모둠원 수가 카드의 쌍보다 많을 경우 한 명은 쉬고 다음 판에 1등한 학생과 역할을 바꿔 참여
   합니다.

② 모둠장은 투표를 통해 배려심이 많고 느긋한 학생으로 선정합니다. 느긋하지 않고 두뇌 회전
   이 빠른 모둠장은 다른 학생이 카드를 미처 확인하기도 전에 "버려!"를 외치기 때문입니다.

 **29 할리갈리 딩고**

<활동영상 보러가기>

(준비과정은 같으나 방식이 다소 상이하다.)

시작 ~ !

① 학생 한 명당 공기나 바둑돌 등을 5개씩 가지고 시작한다.

② 딩고와 동일한 규칙으로 진행한다.

③ 가지고 있는 모든 카드가 한 쌍이 된 학생은 "딩고!"를 외치며 가운데에 손을 올려놓는다.

④ 나머지 학생들은 "딩고!"를 외친 학생의 손 위로 재빨리 손을 올려놓는다.

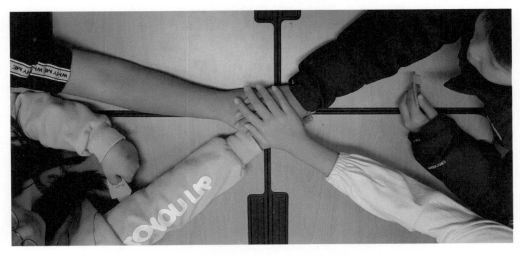

<딩고를 외친 학생의 손 위로 재빨리 손을 올리는 모습>

⑤ 가장 늦게 손을 올린 학생은 딩고를 외친 학생의 카드가 한 쌍이 맞는지 확인한 후 바둑돌 한

개를 승리한 학생에게 준다.

⑥ 다시 처음부터 시작한다.

⑦ ①~⑤의 과정을 반복하며 먼저 바둑돌을 다 잃은 학생이 나오면 바둑돌을 많이 가진 순으로 순위를 결정한다.

<활동영상 보러가기>

시작 ~ !

① 각 모둠에게 카드 두 세트를 나눠준다.

② 한 세트는 글자가 보이지 않도록 뒤집어 쌓아 놓고, 나머지 한 세트는 그 주위에 글자가 보이도록 여기저기 놓는다.

③ 학생 한 명당 공기나 바둑돌 등을 5개씩 가지고 시작한다.

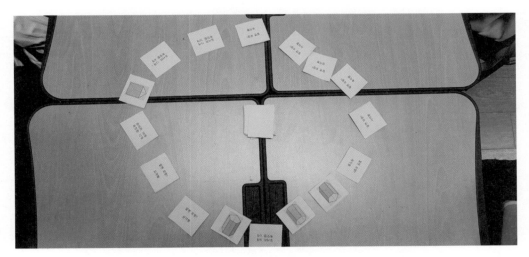

<스피드 딩고 준비>

④ 모둠의 1번 학생이 가운데 쌓아 놓은 카드 더미에서 한 장을 뒤집는다.

⑤ 카드가 오픈되면 그 단어의 주제와 상통하는 짝을 한 장 찾아 손가락을 올려놓는다.

　예) 오픈된 카드가 바다에 사는 동물인 '참치'라면 주위의 카드 중 같은 주제인 고래, 상어, 바다거북에 한 명씩 손가락을 올림

<가운데 오픈된 카드의 짝을 찾아 손을 올리는 모습>

⑥ 손가락을 카드에 올리지 못했거나 가장 늦게 올린 학생은 바둑돌 한 개를 1등에게 준다.

⑦ 모둠의 2번 학생이 다음 카드를 오픈한다.

⑧ ① ~ ④의 과정을 반복하며 먼저 바둑돌을 다 잃은 학생이 나오면 바둑돌을 많이 가진 순으로 순위를 결정한다.

주의 !

① 오픈된 카드와 동일한 카드는 손가락으로 짚을 수 없습니다.

　　예) 가운데 오픈된 카드가 땅에 사는 동물인 '사자'라면 호랑이, 코끼리, 사슴을 손가락으로 짚어야 정답이며
　　　　동일한 카드인 '사자'는 짚을 수 없음

폭탄 딩고

시작 ~ !

① 7~8개가 한 쌍인 학습요소들이 4쌍으로 구성된 카드 세트를 만든다. 이때 색지를 학생들에게 나눠주고 모둠별로 주제에 맞는 단어를 8개씩 적어 직접 제작할 수 있다.

고구려	주몽	광개토대왕	장수왕	수렵도	패기롭고 용감한 문화	졸본	고국천왕
백제	온조	근초고왕	계백	금동대향로	섬세하고 세련	웅진	의자왕
신라	박혁거세	김유신	문무왕	진흥왕 순수비	소박하며 화려	경주	화랑도
가야	김수로	철	낙동강	금관가야	대가야	가야고분	김해

<색지로 출력한 폭탄 딩고 카드>

② 뒷면이 보이지 않게 색지로 출력한다.

③ 잘 섞은 뒤 한 명당 8장씩 갖는다.

④ 딩고의 경우 "버려!" 신호와 동시에 카드를 한 장 뒤집어 내려놓지만, 폭탄 딩고는 특별한 순서와 신호 없이 카드를 버리고 싶을 때 뒤집어 내려놓는다.

⑤ 이때 한 장이 아닌 여러 장을 뒤집어 내려놓아도 된다.

⑥ 자신이 내려놓은 카드와 같은 수의 카드를 내려놓는 학생과 카드를 교환할 수 있다.

　예) 자신이 4장을 내려놓고 다른 학생이 따라 4장을 내려놓으면 그 학생과 4장의 카드를 서로 교환

⑦ 내려놓은 카드의 개수가 다르면 교환할 수 없다.

　예) 자신이 3장을 내려놓았는데 다른 친구가 2장을 내려놓으면 교환 불가, 이때 3장 중 1장을 다시 집어 들면 2
　　 장끼리의 교환은 가능

⑧ 먼저 쌍이 되는 8장을 모두 찾은 학생이 "딩고!"를 외치면 나머지 학생들은 쌍이 맞는지 확인
　한 후 게임이 끝난다.

주의 !

① 카드를 버릴 때 가운데에 내려놓으면 섞일 수 있으므로 자신의 몸 가까이에 내려놓습니다.

🐧 이종대왕 TIP

만들면서 학습하고 놀이하며 학습한다

　4×4로 16칸의 표가 인쇄된 색지를 모둠에 한 장씩 나눠줍니다. 그리고 4가지 주제를 칠판에 제시한 후 각각의 주제에 알맞은 단어나 문장들을 채웁니다. 다 만들면 선생님께 점검 받은 뒤 카드를 오리게 하여 1세트를 완성합니다. 모든 모둠이 1세트를 완성하면 옆 모둠으로 카드를 넘겨줍니다. 그리고 다른 옆 모둠에게 받은 카드 세트로 딩고학습을 합니다. 일정 시간이 지나면 또 카드를 옆으로 넘기며 모든 모둠이 만든 카드 세트로 딩고학습을 합니다. 문제를 만들며 학습하고 다른 모둠의 카드들로 놀이하며 지식을 공유합니다.

딩고 토너먼트

　일정 시간 딩고를 한 뒤 모둠 내에서 1등을 한 횟수나 남은 바둑돌 개수로 등수를 정합니다. 그리고 같은 등수끼리 모둠을 재구성하여 대결을 펼칩니다. 1등을 한 학생끼리 모여 모둠을 구성하고 2등을 한 학생끼리 모여 모둠을 구성하는 방식입니다. 실력이 엇비슷한 학생끼리 대결할 수 있기 때문에 긴장감과 박진감이 넘치는 딩고를 즐길 수 있습니다.

 GOGO 전진학습

암기학습의 끝판왕!

평소 괄호학습지 많이 활용하시죠?

교과서를 보고 괄호를 채운 뒤 발표로 답을 확인하거나 직접 답을 불러주고 채점하며 수업을 끝내는 경우가 많습니다.

그러나 학생들이 정확하게 학습을 했는지, 아니면 단어 찾기에 급급했는지 알 방법이 없습니다.

GOGO 전진학습은 흔히 쓰는 괄호학습지를 활용하여 학습 내용을 쉽게 외울 수 있는 활동입니다. 그저 재미에 치중하지 않고 자연스럽게 암기하게 되기 때문에 실제로 활동한 학생들은 "너무 재미있다, 공부가 쉽다, 공부가 재미있다." 등으로 폭발적인 반응을 보입니다.

이 활동이 끝난 후 학생들에게 간단한 테스트를 해 보면 놀라울 정도로 높은 성취도를 보여줍니다.

• 수업 20~30분 전개활동
• 수학 : 연산영역, 단위, 도형의 넓이 등
• 사회, 과학 : 단원 정리 활동

■ 준비물 : 학습지(20문항 이상)
■ 소요시간 : 20~30분
■ 대형 : 특정
■ 활동 형태 : 개인
■ 교사 개입 : 10%

<활동영상 보러가기>

준비 ~

① 2~3차시 또는 그 이상 범위의 학습지를 준비한다. 학습지는 6단계까지 각 단계별로 3~4문제씩 마련한다(인디스쿨의 단원도입빙고 학습지를 활용하면 편리).

1단계	과학을 공부하면서 궁금했거나 더 알고 싶었던 것이 있었나요? 궁금한 것을 ( ) 문제로 정하고 ( )를 시작해 봅시다.	탐구
	탐구 문제를 해결하려면 먼저 ( )을 세워야 합니다.	계획
	동물은 그 특징에 따라 날개가 있는 것과 날개가 없는 것, 다리가 있는 것과 다리가 없는 것, 물속에서 살 수 있는 것과 물속에서 살 수 없는 것 등으로 ( )할 수 있습니다.	분류
2단계	( )에는 뱀, 사막여우, 낙타, 도마뱀, 사막 딱정벌레, 전갈, 사막 거북 등 다양한 동물이 삽니다.	사막
	동물의 특징을 이용한 생활용품 2가지 이야기하기	칫솔걸이 물갈퀴 집게
	궁금한 것은 잊지 않도록 ( )합니다.	기록

<GOGO 전진학습지>

② 아이들이 스스로 책을 찾아보며 괄호를 채운다.

③ 채점한 뒤 10~20분 정도 '스스로 학습 시간'을 가진다. 스스로 학습 시간은 혼자 단어를 외우거나 친구와 문제를 내고 맞히는 식으로 자유롭게 활동한다.

④ 전체를 두 팀으로 나눈다.

⑤ 한 팀이 11명이라면 6명은 각 단계에 앉고, 나머지 학생들은 줄을 선다(아래 그림처럼 각 팀의 6명은 1~6단계에 앉고 나머지 학생들 중 파란색 팀은 노란색 1단계 앞에, 노란색 팀은 파란색 1단계 앞에 대기).

⑥ 칠판에 각 팀의 점수판을 1개씩 두 개 그려놓는다.

⑦ 각 단계 책상 위에는 해당 단계에 맞는 문제지를 올려놓는다.

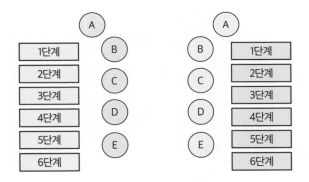

파란색 팀 점수판					노란색 팀 점수판			
1					1			
2					2			
3					3			
4					4			
5					5			
6					6			

<GOGO 전진학습 대형 및 칠판의 점수판 모습>

시작 ~ !

① 놀이가 시작되면 각 팀의 A 학생부터 1단계로 가서 문제를 해결한다.

② 1단계 출제자는 책상에 놓인 3개 문항 중 1개를 출제한다.

③ 정답을 맞힌 A 학생은 2단계로 전진하여 2단계 문제를 해결하고, 뒤에 서 있던 B 학생이 1단계로 가서 문제를 해결한다.

④ 역시 B 학생이 2단계로 전진하면 뒤에 서 있던 C 학생이 1단계로 가서 문제를 해결한다.

⑤ 만약 답을 틀릴 경우 어느 단계에서든 E 학생 뒤로 다시 줄을 선다(이때 반드시 틀린 문제의 답을 확인한 후 이동).

⑥ 위와 같이 정답을 맞히면 계속 전진, 틀리면 줄의 맨 뒤로 가서 다시 시작한다.

⑦ 최초로 6단계까지 통과한 학생은 자신의 팀 점수판 1번 옆에 동그라미를 그리고 같은 팀의 1단계 출제자와 자리와 역할을 교체한다. 만약 파란색 팀의 B 학생이 최초로 6단계를 통과했다면 파란색 팀의 1단계의 출제자와 자리를 교체한다. 그리고 1단계 출제자였던 파란색 팀 학생은 파란색 팀의 E 학생 뒤에 줄을 선다.

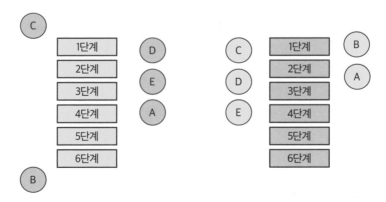

<파란색 B 학생이 처음으로 6단계를 통과했다면 파란색 1단계의 문제 출제자와 자리와 역할 교체>

⑧ 두 번째로 6단계를 통과한 학생은 아래 그림처럼 세로로 2번 칸 옆에 동그라미를 그리고 같은
팀의 2단계 학생과 자리와 역할을 교체한다.

파란색 팀 점수판					노란색 팀 점수판			
1	O				1			
2	O				2			
3					3			
4					4			
5					5			
6					6			

<점수판에 동그라미 그리는 순서>

⑨ 항상 옆의 번호에 해당하는 단계에 가서 자리를 교체하면 된다. 3번 줄에 O를 그리면 3단계
와 교체, 4번 줄에 O를 그리면 4단계 교체이다. 또한 6단계까지 O가 채워지면 그다음 통과
한 학생은 아래 그림과 같이 다시 1번 줄에 O를 그리며 1단계 학생과 자리를 교체하면 된다.
옆의 번호는 학생들이 몇 단계로 가서 자리를 바꿔야 되는지 알려주는 지표가 된다.

파란색 팀 점수판					노란색 팀 점수판			
1	O	O			1	O		
2	O				2	O		
3	O				3	O		
4	O				4			
5	O				5			
6	O				6			

<점수판에 동그라미 그리는 순서>

⑩ 위의 과정을 반복하여 점수를 많이 내는 팀이 승리한다.

주의 !

① 놀이 초반 20분까지는 학생들이 어디로 이동해야 할지 잘 알지 못합니다. 당연합니다. 성인
인 선생님들을 대상으로 연수를 진행해도 처음에 모두 헷갈려 하십니다. 꾸준히 지도하면 어
느 순간 원활하게 진행이 되며, 1년 내내 골든벨과 같은 PPT 준비 없이도 학습지 한 장으로
쉽게 단원을 정리할 수 있습니다.

② 처음 할 때는 팀조끼 등으로 팀을 구분하면 동선 파악이 용이합니다. 칠판의 점수판에도 반드
시 팀 이름을 적어 쉽게 구별할 수 있도록 합니다.

③ 틀릴 경우 반드시 답을 확인한 후 줄을 서도록 강조합니다.

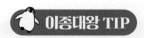
이종대왕 TIP

암기의 끝판왕

학생들이 암기를 이렇게 좋아했었나 싶을 정도로 열광적으로 학습에 몰입합니다. 활동이 끝난 뒤 문제를 읽고 발표를 시켜보세요. 거의 모든 학생이 자신 있게 손을 드는 기적을 확인할 수 있습니다. 또한 두 번째로 전진학습활동을 할 때는 미리 자습하는 시간을 20분만 주세요. GOGO 전진학습의 즐거움을 맛본 학생들은 잘하기 위해 자발적으로 학습합니다. 스스로 공부할 수 있는 동기를 주는 것이야말로 가장 훌륭한 교수법이 아닐까요?

인내는 쓰고 열매는 달다

처음 10~20분은 점수판에 아무도 O를 그리지 못해 답답할 수 있습니다. 이때 점수판에서 학생들 한 명 한 명에게 눈을 돌려보세요. 늘 1단계에서 틀리던 학생이 2단계에 처음 도달해 환호하는 모습, 5단계까지 도달했던 학생이 틀린 것을 너무나 아쉬워하며 다시 줄을 서는 모습, 틀린 문제의 정답이 무엇이었는지 끝까지 듣고 입으로 중얼중얼 외우면서 다시 줄을 서는 학생들까지 분명 학생들이 열심히 노력하면서 한 단계 한 단계 성장하고 있다는 것을 잊지 마세요.

그래도 인내가 쓰다면?

만약 초반에 문제를 해결하는 학생들이 모두 학습이 부진하다면 점수를 쉽게 얻을 수 없습니다. 원활한 회전을 위해 초반에 문제를 해결하는 학생들은 성취도가 높은 친구들을 배치하는 것이 좋습니다. 또한 양 팀에 학습이 부진한 학생들을 고루 배치하면 엇비슷하게 점수가 그려집니다.

회전 릴레이퀴즈 (2종)

두근두근 긴장감 최고!

릴레이퀴즈는 시간 안에 미션을 성공해야 하기 때문에 긴장감 넘치며 재미있습니다. 한 번씩 모든 학생이 답을 맞혀야 성공할 수 있기 때문에 반 전체가 단합할 수 있는 활동이기도 합니다. 릴레이퀴즈를 종종 활용하면서 학생들이 기쁨과 성취감을 맛보는 장면을 목격했지만, 몇 가지 마음에 걸리는 문제가 있어 그런 점들을 보완한 회전 릴레이퀴즈를 만들었습니다.

이렇게 활용하세요!

- 수업 시작 후 10분 전시학습내용 상기
- 수업 20분 전개활동
- 수업 끝나기 10분 전 정리활동
- 국어 : 2~3차시 분량 또는 그 이상
- 사회, 과학 : 단원정리

- ■ 준비물 ▶기존 릴레이퀴즈 – 반 인원 수에 맞는 문제
  ▶회전 릴레이퀴즈 – A4 용지
- ■ 소요시간 : 10~20분
- ■ 대형 : 모둠
- ■ 활동 형태 : 개인 + 모둠
- ■ 교사 개입 : 20%

<활동영상 보러가기>

33 기존 릴레이퀴즈

준비 ~

① 아래 예시와 같이 문제와 답이 지그재그로 적힌 문제지를 학급 인원 수만큼 만든다.

1번 문제	2번 문제
6번 답	1번 답
3번 문제	4번 문제
2번 답	3번 답
5번 문제	6번 문제
4번 답	5번 답

<학생 수가 6명일 때 릴레이퀴즈 문제지 방식>

이종대왕의 본명은?	이종대왕이 사는 곳은?
검정색	이종혁
이종대왕이 좋아하는 음식은?	이종대왕의 인생영화는?
서울 노원	삼겹살
이종대왕이 나온 교대는?	이종대왕이 좋아하는 색깔은?
셔터아일랜드	부산교대

<실제 문제지 예시>

② 문제지를 모두 오린다.

이종대왕의 본명은?	이종대왕이 사는 곳은?
검정색	이종혁

<문제지를 오린 모습>

③ 모든 문제지를 잘 섞은 후, 학생들에게 한 장씩 나눠준다.

시작 ~ !

① 타이머를 켜고 선생님이 지명하는 학생이 자신이 가진 카드의 문제를 크게 읽는다.

```
┌─────────────┐
│  이종대왕이   │
│   사는 곳은?  │
│ ‥‥‥‥‥‥‥ │
│   이종혁     │
└─────────────┘
```

<첫 학생이 본인이 가진 문제인 "이종대왕이 사는 곳은?"을 읽기>

② 해당 문제의 답을 가진 학생이 일어서서 답을 말한 뒤 자신의 문제를 읽는다.

```
┌─────────────┐
│  이종대왕이   │
│   좋아하는    │
│   음식은?     │
│ ‥‥‥‥‥‥‥ │
│   서울 노원   │
└─────────────┘
```

<답을 가진 학생이 일어서서 "서울 노원"을 말한 후 본인의 문제인 "이종대왕이 좋아하는 음식은?"을 읽음>

③ 역시 해당 문제의 답을 가진 학생이 일어서서 답을 말한다.

　　예) 삼겹살

④ 이어서 자신의 문제를 읽는다.

　　예) 이종대왕의 인생영화는?

⑤ 위와 같은 과정으로 계속 진행하며, 결국 최초로 문제를 읽은 학생이 마지막 문제의 답을 말하며 끝나게 된다.

　　예) 위의 실제 문제지 예시에서 '이종대왕의 본명은?' 문제를 처음 읽은 학생은 마지막 학생이 '이종대왕이 좋아하는 색깔은?'에 본인이 가진 '검정색' 답을 이야기하며 모든 학생이 릴레이로 답을 말하게 됨

⑥ 타이머의 기록을 확인한다.

주의!

① 첫 번째 판이 끝나면 한 번 더 도전합니다. 이때 첫 번째 판의 기록을 칠판에 적어두고 기록 경신을 위해 파이팅을 한 후 시작합니다. 이러한 방식으로 2~3번 활동하면 자연스럽게 반복적으로 학습하게 됩니다.

② 문제에 대한 답이 나오지 않는 경우가 있습니다. 몇 분을 기다려도 아무도 일어서지 않는 상황이 있습니다. 이때 틀려도 된다고 용기를 주며 긴가민가하면 일단 일어서서 답을 이야기할 것을 독려합니다.

③ 오답을 말할 경우 선생님이 틀렸다고 말해주고, 다시 앉아 다른 학생을 기다립니다.

④ 타이머로 기록을 잴 때 승부욕이 폭발하는 경우가 있습니다. 아무도 일어서지 않고 시간은 흘러만 갈 때 아이들은 답답해 하며 짜증을 냅니다. 한 명이라도 화를 내거나 비난할 경우 미션은 자동실패라고 단호하게 공지합니다.

⑤ 목소리가 작은 학생의 경우 옆의 짝이 함께 크게 읽어줍니다.

34 회전 릴레이퀴즈

시작 ~ !

① 출제 범위를 모둠별로 나눈다.

    예) 1모둠은 1~5쪽, 2모둠은 6~10쪽, 3모둠은 11~15쪽

② 모둠 대형으로 책상을 만들고 함께 토의하여 릴레이퀴즈 문제지를 만든다.

1번 문제	2번 문제
4번 답	1번 답
3번 문제	4번 문제
2번 답	3번 답

<모둠원이 4명일 경우 4명에서 끝나도록 위와 같이 문제 출제>

③ 문제지를 모두 오리고 뒷면에 모둠번호를 적은 뒤 잘 섞는다.

    예) 1모둠이 만든 문제지는 뒷면에 모두 1모둠이라고 적음

④ 각 모둠에서 만든 릴레이 문제지를 옆 모둠에게 전달한다.

    예) 1모둠은 2모둠에게, 2모둠은 3모둠에게, 3모둠은 4모둠에게

⑤ 옆 모둠에서 전달 받은 문제지를 한 장씩 갖는다.

⑥ 선생님의 타이머 작동과 동시에 게임이 시작되며, 각 모둠의 1번 학생부터 문제를 읽는다.

⑦ 답을 가진 학생이 답을 말하고 이어서 문제를 읽는 식으로 진행한다.

⑧ 처음 문제를 읽었던 1번 학생이 답을 말하면 끝난다.

⑨ 문제지를 모두 모아 오른쪽 모둠으로 전달한다.

⑩ 옆 모둠에서 문제지를 받으면 바로 문제지를 한 장씩 나눠 갖고 다시 시작한다.

예) 아래 그림에서 2모둠의 경우 항상 3모둠에게 문제지를 전달하고 1모둠에게 문제지를 전달 받음

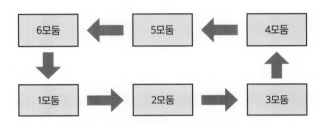

<회전 릴레이퀴즈에서 문제지를 전달하는 방향>

⑪ 활동이 끝나면 오른쪽 모둠으로 전달하고 왼쪽 모둠에게서 문제지를 받아 계속 진행한다.

⑫ 다시 자신이 속한 모둠의 문제지를 돌려받으면 미션 종료!

주의 !

① 문제지를 전달하거나 받을 때 다른 모둠의 문제와 섞이지 않도록 주의합니다.

② 모둠원 수가 서로 다른 경우 한 명은 2장의 문제를 가지고 시작하거나 1명이 한 턴씩 쉽니다.

예) 위 그림에서 2모둠이 4명인데 1모둠이 5명이면 2모둠에 5장의 문제지가 처음에 옴. 이때 모둠의 1번 학생이
두 장을 갖고 시작해도 무방함. 반대로 1장 적게 문제지가 온다면 1번 학생부터 한 게임씩 돌아가며 쉬면 됨

③ 기존 릴레이퀴즈와 마찬가지로 두 번 이상 게임을 진행하여 신기록 세우기 활동을 합니다.
만약 성공할 경우 교실놀이 등의 보상을 걸면 더욱 열심히 참여합니다.

이종대왕 TIP

진리의 인디스쿨

회전 릴레이퀴즈와 같이 학생들이 직접 문제를 출제해도 되지만 좀 더 질 좋은 문제로 활동하고 싶다면 인디스쿨의 사회, 과학 자료실에서 '릴레이퀴즈'를 검색하세요. 대부분 단원에 활용할 수 있는 릴레이퀴즈 문제가 업로드되어 있으니 4개씩 끊어 회전 릴레이용 으로 만들어 활용합니다.

구관이 명관(?)

기존 릴레이퀴즈를 진행할 때 다양한 문제가 발생할 수 있지만 사전에 철저히 교육하고 여러 번 반복하면 별 탈 없이 진행됩니다. 구관이 명관이라고 문제만 생기지 않는다면 회 전 릴레이퀴즈보다 더 긴장되고 스릴 있는 활동입니다. 다만 효율성 측면에서 한 명당 한 문제만 담당하기 때문에 아쉬운 면이 있습니다. 반면 회전 릴레이퀴즈는 한 명당 여러 문 제를 풀 수 있고 모둠 내에서 활동하기 때문에 별다른 문제없이 잘 진행되는 장점이 있습 니다. 각각 장단점이 있기 때문에 골고루 활용하면 됩니다.

도둑잡기학습 (2종)

쓸데없이 긴장감 넘치는 활동 !

도둑잡기는 이미 다양한 방식으로 많이 활용되는 놀이입니다. 트럼프카드놀이, 보드게임 등에서 도둑잡기의 규칙을 변형하거나 응용한 방식을 쉽게 찾아볼 수 있습니다. 그만큼 누구에게나 재미있는 활동이며 학습에도 쉽게 응용할 수 있는 방식입니다. 어떤 교과의 주제에도 쉽게 적용할 수 있으며 학생들이 직접 문제를 만들 수도 있기 때문에 활용도가 높은 학습놀이입니다

이렇게 활용하세요!

- 수업 시작 후 20분 전시학습내용 상기
- 수업 20~30분 전개활동
- 수업 끝나기 20분 전 정리활동
- 국어 : 문장 만들기, 호응 관계, 꾸며주는 말 등
- 수학 : 거의 모든 영역
- 사회, 과학 : 언제든지

- ■ 준비물
  - ▶ 모둠도둑잡기 - 10쌍 이상 단어카드
  - ▶ 전체도둑잡기 - 30개의 단어카드
- ■ 소요시간 : 20분
- ■ 대형 및 활동 형태 : 모둠
- ■ 교사 개입 : 10%

<활동영상 보러가기>

준비 ~

① 2개가 한 쌍인 학습요소들이 14쌍(도둑카드 두 장 포함)으로 구성된 카드 세트를 만든다. 또는 7쌍
세트를 2부 복사해도 된다.

국어	문장 만들기	(배가 너무 아프다 & 왜냐하면 과식을 했기 때문이다) (만약 태원이를 초대하면 & 우리 집에 올까?)
	지문 내용에 대한 문제와 답	(종혁이가 가장 소중히 여긴 것은? & 외장하드)
수학	짝이 있는 요소	(1cm & 10mm) (약수 & 배수) (도형 & 넓이 공식)
	문제와 답	(34x2 & 68) (문장제 문제 & 답)
사회, 과학	주제와 구성요소	(고장 & 하는 일) (각 시대 & 유물이나 사건)
	핵심단어와 뜻	(아동복지법 & 뜻) (터돋움집 & 사진)

<2개가 한 쌍인 문제 예시>

강화도조약 (1875)	일본과의 불평등 조약	신미양요 (1871)	미국 군함의 통상 요구
척화비	흥선대원군의 통상수교 거부 정책을 알림	병인양요 (1866)	프랑스의 통상 요구 (문화재 약탈)
왕의 외척이 나라의 권력을 잡는 것	흥선대원군의 업적	서민문화 - 판소리	긴 이야기를 노래로 들려주는 공연
도둑	도둑		

<위와 같이 2장을 한 쌍(도둑카드 2장 포함)으로 28장을 만들거나 14장을 2부 인쇄>

② 모둠원 4명을 기준으로 7장씩 나눠 갖는다.

시작 ~ !

① 1번부터 자신이 가진 카드 중 이미 쌍이 되는 카드들은 내려놓는다. 여러 쌍을 내도 상관없다.

  예) 받은 카드 중 (척화비) (흥선대원군의 통상수교거부정책)이 있으면 둘 다 내려놓음

② 2~4번도 차례대로 자신이 가진 카드 중 이미 쌍이 되는 카드들을 내려놓는다(도둑카드는 쌍이
  아님).

③ 만약 자신의 차례에서 내려놓을 카드가 없는 경우 옆 학생의 카드를 한 장 뽑아야 한다.

  예) 2번 학생이 내려놓을 카드가 없으면 3번 학생의 카드를 뽑음

④ 쌍이 되는 카드가 있으면 내려놓고, 그렇지 않을 때 옆 사람의 카드를 한 장 뽑는 방식이다.

⑤ 위와 같은 방식으로 진행하여 먼저 모든 카드를 낸 학생이 승리하며, 이때 도둑카드를 가진 학
  생은 -1점이 된다.

주의 !

① 카드는 색지로 인쇄하여 비치지 않도록 합니다.

② 카드를 내려놓을 때는 인쇄된 면이 보이도록 내려놓고, 다른 학생들은 쌍이 맞는지 꼭 체크합
  니다.

③ 문제는 학생들이 직접 만들어 활동해도 됩니다.

전체도둑잡기

(준비과정은 같으나 방식이 다소 상이하다.)

시작 ~!

① 문제카드들은 쌍이 아닌 정답카드와 오답카드들로 이루어져 있다.

6과 8의 최소공배수는? 정답 : 24	종혁이는 2분마다, 쏭쌤은 3분마다 운동장을 한 바퀴 돈다. 두 사람이 출발점에서 같은 방향으로 동시 출발할 때 출발 후 20분 동안 출발점에서 몇 번 다시 만나는가? 정답 : 3번
4와 6의 최대공약수는? 정답 : 2	12의 약수는? 정답 : 1, 2, 3, 4, 6, 12

<전체도둑잡기는 위와 같이 문제와 답이 한 카드에 적혀 있음>

② 30장 정도의 카드를 준비하며 이 중 4문제는 문제에 대한 답이 틀리며 이를 도둑카드라 한다.

5와 10의 최대공약수는? 정답 : 50	2와 3의 최소공배수는? 정답 : 12

<정답이 틀린 도둑카드, 또는 선대칭 26장에 점대칭 4장을 도둑카드로 정하는 형식도 가능>

③ 6모둠 기준으로 한 모둠당 5장씩 갖는다.

④ 자신의 모둠에 도둑카드가 있는지 확인한다. 수학의 경우 계산할 시간을 준다.

⑤ 카드들을 뒤집어서 책상에 배열해 놓는다(라운드가 시작되면 옆 모둠이 우리 모둠 카드 한 장을 뽑아 가기 때문에 도둑카드가 있다면 나름 심리전을 세워가며 전략적으로 카드를 배치).

⑥ 각 모둠은 도둑카드가 있거나 없는 척 계속 연기를 하며 카드들을 배열한다.

⑦ 1라운드가 시작되면 동시에 각 모둠의 1번 학생이 옆 모둠으로 가서 카드를 한 장 뽑아 온다.

<1모둠은 2모둠의 카드 뽑기, 2모둠은 3모둠, 3모둠은 6모둠으로 시계 방향으로 카드 뽑기>

⑧ 뽑은 카드를 확인한 뒤 적절한 연기를 하며 다시 카드를 배치한다.

⑨ 2라운드는 각 모둠의 2번 학생이 옆 모둠으로 가서 뽑아 온다.

⑩ 위와 같은 과정을 4라운드까지 한 뒤 도둑카드가 없는 모둠이 승리한다.

주의 !

① 도둑카드가 많은 모둠이 승리하는 방식으로 변형해도 됩니다.

① 역시 각 모둠에서 정답카드 4장과 오답카드 1장을 직접 출제하고 활동해도 됩니다.

자체 필터링은 금물!

저는 인디스쿨이나 각종 연수에서 배운 활동들을 모두 빠짐없이 아이들에게 적용해봤습니다. 보기에는 재미없거나 의미 없어 보여도 일단 적용해보는 것이 우선이었습니다. 분명 활동을 소개한 선생님은 학생들과 즐겁고 의미 있게 활동했기 때문에 자료를 올렸을 것이라 믿었습니다. 그 결과 반전활동이 참 많았습니다. 글로 읽을 때는 의아했던 활동들도 실제로 해 보면 반응이 폭발적인 경우가 많았습니다. '이걸 6학년 아이들이 좋아할까?' 생각했던 활동도 말도 안 될 정도로 호응이 좋았던 경우가 많았습니다.

수많은 활동을 한 저조차도 아이들의 마음을 아직 모르겠습니다. '이건 정말 대박이다!' 생각한 활동은 막상 해 보면 반응이 시들한 반면, '이건 너무 지루하겠다.'라고 생각한 활동은 되려 반응이 폭발적이기도 합니다. 자체적으로 활동을 필터링하는 것보다 일단 적용하고 우리 반에 맞게 변형하거나 응용한다면 더욱 좋은 활동을 할 수 있습니다.

피라미드학습 (3종)

정상을 향해 돌진하라!

정해진 시간 안에 최대한 많은 점수를 내기 위해 초집중하여 문제를 해결하는 학습놀이입니다.

어떤 단계에서든 실수하면 처음으로 되돌아가기 때문에 학생들은 생각하고 또 생각하며 신중하게 문제를 해결합니다. 초반에는 고구마 100개 먹은 듯 점수가 나지 않지만, 후반이 되면 시원시원하게 점수가 쭉쭉 늘어나며 가슴이 뻥 뚫리는 놀이입니다.

피라미드학습의 매력에 지금부터 푹 빠져볼까요?

이렇게 활용하세요!

- 수업 20분 전개활동
- 수학 : 연산영역
- 사회, 과학 : 2~3차시 분량 또는 그 이상
- 국어 : 2~3차시 분량
- 체육, 창체

- 준비물 : 학습지(20문항 이상)
- 소요시간 : 15분
- 대형 : 삼각형
- 활동 형태 : 팀전
- 교사 개입 : 10%

<활동영상 보러가기>

준비 ~

① 전체를 두 팀으로 나누고 한 팀의 책상과 의자를 삼각형 대형으로 배열한다.

　　예) 전체 28명이면 책상 14개를 4개-4개-3개-2개-1개로 배열

<피라미드학습 대형>

② B 팀이 먼저 삼각형 대형에 자리를 잡는다.

③ 나머지 A 팀은 삼각형의 밑변에 해당하는 1단계 책상 앞에 골고루 줄을 선다.

④ 책상에는 단계별 문제지를 올려놓는다.

　　예) 1단계 - 1단계 문제지를 4장 출력해서 1단계 책상에 각각 올려놓기

　　　　2단계 - 2단계 문제지를 4장 출력해서 2단계 책상에 각각 올려놓기

　　　　3단계 - 3단계 문제지는 3장 출력해서 3단계 책상에 각각 올려놓기

　　　　4단계 - 4단계 문제지는 2장 출력해서 4단계 책상에 각각 올려놓기

　　　　5단계 - 5단계 문제지는 1장 출력해서 5단계 책상에 각각 올려놓기

1단계	과학을 공부하면서 궁금했거나 더 알고 싶었던 것이 있었나요? 궁금한 것을 ( ) 문제로 정하고 ( )를 시작해 봅시다	탐구
	탐구 문제를 해결하려면 먼저 ( )을 세워야 합니다.	계획
	동물은 그 특징에 따라 날개가 있는 것과 날개가 없는 것, 다리가 있는 것과 다리가 없는 것, 물속에서 살 수 있는 것과 물속에서 살 수 없는 것 등으로 ( )할 수 있습니다.	분류
2단계	( )에는 뱀, 사막여우, 낙타, 도마뱀, 사막 딱정벌레, 전갈, 사막 거북 등 다양한 동물이 삽니다.	사막
	동물의 특징을 이용한 생활용품 2가지 이야기하기	칫솔걸이 물갈퀴 집게
	궁금한 것은 잊지 않도록 ( )합니다.	기록

<피라미드 학습지 예시>

⑤ 칠판에 점수판을 만들고 타이머를 7분으로 설정한다(수학에 적용할 경우 12분).

<칠판에 점수판을 적은 모습>

시작 ~ !

① 게임이 시작되면 A 팀 학생들은 1단계부터 문제를 해결한다.

② B 팀은 가지고 있는 문제 중 한 가지만 출제하며 정답을 맞히면 2단계로 통과시킨다. 이때 바로 앞이 아닌 다른 2단계 책상으로 가도 된다.

③ 어느 단계에서든 틀리면 다시 1단계로 되돌아가 문제를 해결한다.

④ 5단계까지 모두 통과하면 자기 팀 점수판에 ○를 그리고 다시 1단계부터 문제를 해결한다.

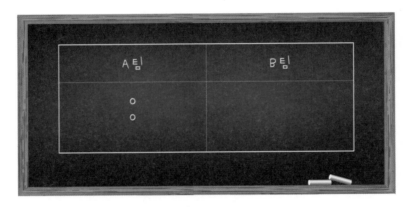

<칠판에 점수를 체크한 모습>

⑤ 시간이 다 지났을 때 최종 점수를 체크하고 A 팀과 B 팀의 역할을 바꿔 다시 시작한다.

주의 !

① 문제 출제자는 문제를 읽어주지 말고 보여주기만 합니다. 그리고 손가락으로 10초를 천천히 세고 그 안에 답을 말하지 못하면 단호하게 탈락을 외칩니다. 이 규칙을 적용하지 않으면 시간이 오래 소요되어 줄이 밀릴 수 있기 때문입니다. 단, 너무 빠르게 세거나 큰 목소리로 외치는 경우는 반칙입니다.

<손으로 숫자 세는 모습>

② 사회나 과학, 국어로 할 경우 한 팀당 7~8분 정도가 적당하며, 수학으로 할 경우 10~12분 정도로 충분히 시간을 주는 것이 좋습니다.

<활동영상 보러가기>

(준비과정은 같으나 방식이 다소 상이하다.)

시작 ~ !

① 가위바위보 대결에서 승리하면 통과하는 방식이다.

② 어느 단계에서든 지면 다시 1단계부터 시작한다.

③ 학년 수준에 맞도록 가위바위보 대신 참참참, 묵찌빠, 눈싸움, 팔씨름, 허벅지씨름 등 다양한 1:1 종목으로 변형할 수 있다.

④ 각 단계별로 다른 종목을 정하고 팀 전략회의를 통해 그 종목에 어울리는 친구들을 배치하여 전략피라미드 대결을 해도 재미있다.

⑤ 최선을 다하여 피라미드학습에 참여하면 교실놀이로 보상할 수 있음을 공지한 뒤 바로 활용한다.

<활동영상 보러가기>

39 강당 피라미드 달리기

(준비과정은 같으나 방식이 다소 상이하다.)

시작 ~ !

① 1단계에서 어느 정도 떨어진 곳에 출발선을 정한다.

② 한 팀은 피라미드 대형으로 서 있고, 한 팀은 출발선에서 대기한다.

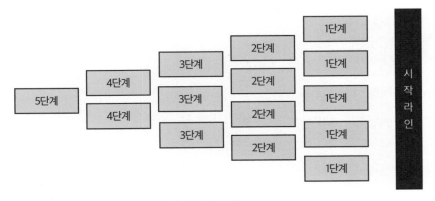

<강당 피라미드 달리기 대형>

③ 게임이 시작되면 1단계로 달려가 가위바위보를 하고 이기면 2단계로 간다.

④ 만약 질 경우 다시 출발선으로 간 뒤 1단계로 달려간다.

⑤ 모든 단계를 통과한 학생은 점수판을 한 장 넘기고 출발선에서 다시 시작한다.

⑥ 시간이 지나면 역할을 바꿔 다시 진행한다.

⑦ 1단계로 팔벌려 뛰기 10회, 2단계로 홀라후프 10개 등과 같이 각 단계별로 종목을 다르게 할 수

있다. 이때 4단계에 운이 필요한 가위바위보를 추가하면 더욱 스릴 넘치는 놀이를 할 수 있다.

구 분	교실 피라미드 대결	강당 피라미드 달리기
1단계 종목	가위바위보	팔벌려 뛰기 10회
2단계 종목	눈싸움	훌라후프 10개
3단계 종목	가위바위보 하나빼기	제자리점프 10회
4단계 종목	참참참	가위바위보
5단계 종목	묵찌빠	제기 연속 2번 차기

<단계별로 종목을 다르게 구성한 교실과 강당 피라미드놀이 예시>

 **이종대왕 TIP**

진리의 단원도입빙고

피라미드학습처럼 20문제 이상의 학습지가 필요한 활동이 많습니다. 직접 제작하는 것도 좋지만, 매 차시에 필요한 문제를 직접 만들기란 여간 어려운 일이 아닙니다. 이때 집단지성이 발휘된 인디스쿨을 적극 활용해 보세요. 급히 문제가 필요할 때는 다른 선생님들의 지식을 빌려 해결할 수 있습니다. 인디스쿨의 교과별 자료실에서 '단원도입빙고'를 검색하면 모든 학년, 단원의 도입빙고 학습지를 금방 찾을 수 있습니다. 단원도입빙고의 교사용 문제지는 문제와 답이 병기되어 있어 3문제씩 오리면 손쉽게 점프회전학습 등에 활용할 수 있습니다.

학생들이 만들어가는 활동

피라미드 학습에서 각 단계의 문제나 놀이를 정할 때 아이들의 아이디어를 반영하면 안성맞춤 활동을 할 수 있습니다. 피라미드학습의 경우 각 팀끼리 모여 단계별로 직접 문제를 출제하고 선정하면 됩니다. 피라미드 가위바위보 또한 직접 종목을 정해 각 단계에 배치하면 더욱 즐거운 활동이 됩니다.

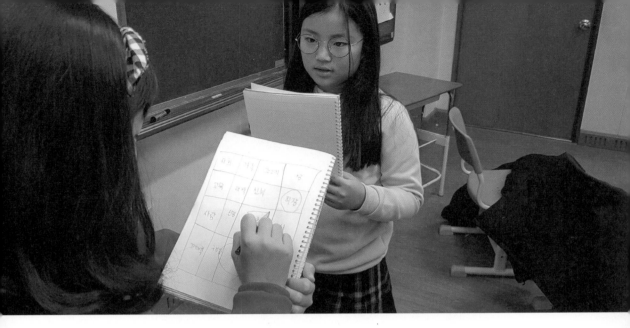

 텔레파시 빙고

핵심단어를 스스로 생각하라 *!*

아무 단어나 적으면 불리합니다.

이 단원에서 가장 중요하다고 생각하는 핵심단어들을 적어야 승리할 확률도 높아집니다.

따라서 핵심단어를 찾기 위해 아이들은 집중해서 책을 읽게 되며, 무엇이 중요한지 사고하게 됩니다.

이렇게 활용하세요!

- 수업 20~30분 전개활동
- 수학 : 단위, 도형의 넓이 등
- 사회, 과학 : 단원도입활동, 단원정리활동

- ■ 준비물 : 없음
- ■ 소요시간 : 20~30분
- ■ 대형 : 전체
- ■ 활동 형태 : 개인
- ■ 교사 개입 : 5%

텔레파시빙고

<활동영상 보러가기>

준비 ~

① 단원 도입 시 또는 단원 마무리로 활용한다.

② 공책에 4×4 빙고판을 그린다(3×3도 무방).

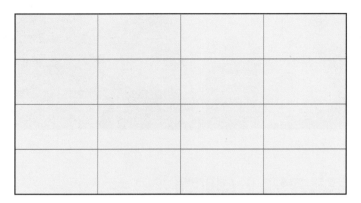

<4×4 빙고판>

③ 주어진 교과서 범위 내에서 중요하다고 생각하는 단어를 찾아 빙고판에 채워넣는다. 이때 중요하지 않은 단어를 적으면 불리하다는 점을 공지한다.

④ 모두 빙고판에 핵심단어를 채우면 준비가 끝난다.

가족	혼례	폐백	대추
결혼	핵가족	가족회의	혼인
반려동물	이산가족	나무 기러기	남녀평등
결혼식	확대가족	가족의 역할	기회동등

<빙고판에 핵심단어를 채운 모습>

시작 ~ !

① 시작하면 빙고판을 들고 다른 학생을 만나 가위바위보를 한다.

② 가위바위보에서 이긴 학생이 빙고판의 단어 한 개를 말한다.
　　예) "확대가족"

③ 진 학생의 빙고판에 그 단어가 있으면 둘 다 해당 단어에 동그라미를 그리고 헤어진다.

④ 이때 가위바위보에서 이긴 학생이 말한 단어가 이미 상대방의 빙고판에 동그라미가 그려져 있어도 인정된다.
　　예) 가위바위보에서 이긴 학생이 "혼례!"를 말했는데 가위바위보에서 진 학생이 이미 동그라미를 그린 단어라
　　　도 가위바위보에서 이긴 학생은 '혼례'에 동그라미를 그릴 수 있음

⑤ 만약 빙고판에 단어가 없으면 그냥 헤어진다.

⑥ 위와 같이 진행하다가 먼저 2줄 빙고를 완성한 학생은 선생님께 검사를 받는다.

⑦ 다 끝난 학생은 '찬스히어로'가 되어 다시 돌아다닌다.

⑧ 찬스히어로와 만난 학생은 가위바위보를 할 필요 없이 바로 단어를 이야기하며, 찬스히어로의 빙고판에 그 단어가 있으면 동그라미를 그릴 수 있다.

주의 !

① 한 번 만난 친구는 다시 만날 수 없습니다. 다만 더 이상 만날 친구가 없을 때는 다시 가능합니다.

② 시간에 따라 2줄 빙고, 3줄 빙고 여부를 결정하며, 찬스히어로 역시 시간이 될 때까지 계속 뽑습니다.

텔레파시 빙고만의 장점

단순해 보이지만 생각보다 장점이 참 많은 활동입니다.

첫째로 교사의 개입이 없다는 점입니다. 일반적인 빙고는 뽑기 프로그램으로 계속 학생을 선정해야 하고, 그 학생이 단어를 말하면 빙고판에 체크합니다. 이때 학생의 목소리가 작거나 했던 단어를 말하는 등 여러 가지 문제에 교사가 개입해야 합니다. 하지만 1:1로 진행하는 텔레파시 빙고는 학생들이 스스로 활동하기 때문에 교사의 진행이 매우 편합니다.

둘째로 스스로 학습주제에 맞는 핵심단어를 생각해야 한다는 점입니다. 일반적인 빙고는 미리 준비된 문제의 답을 빙고판에 채우기 때문에 수동적인 반면, 텔레파시 빙고는 핵심단어를 찾으면 찾을수록 빙고가 될 확률이 높아지기 때문에 스스로 책을 찾아보며 계속해서 사고하게 됩니다. 그야말로 자기주도적인 학습방법입니다.

셋째로 몸을 움직이며 활동하는 점입니다. 일반적인 빙고처럼 앉아서 하는 것이 아니라 돌아다니며 친구들을 만나 활동하는 점만으로도 학생들은 굉장히 즐거워합니다.

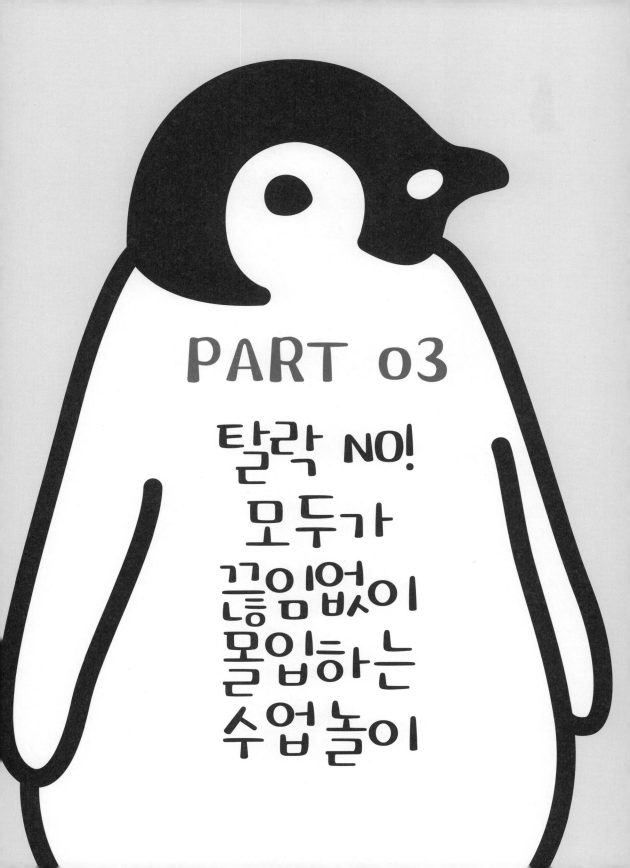

PART 03

탈락 NO!
모두가
끊임없이
몰입하는
수업놀이

REVIEW

정말 소극적이고 참여율이 적은 아이들인데 선생님 덕분에 활기찬 수업을 오랜만에 할 수 있었습니다. 진심으로 감사드립니다.

진짜 좋은 아이디어네요. 매번 골든벨 할 때마다 첫 문제부터 틀리는 아이들 좀 그랬거든요. 연속으로 3문제 이상 맞히면 부활, 뭐 이렇게 하기도 했지만 금세 또 틀려서요. 그런데 이 방법은 진짜 탈락 없고 누가 잘하는지 못하는지도 모르는 좋은 방법이네요. 감사합니다.

저희 반 아이들 수업시간에 이거 하고 너무 재미있어서 방과 후에도 교실에 남아서 자기들끼리 문제 내고 계속하고 있어요. ㅎㅎㅎㅎㅎㅎㅎㅎ 너무 즐거워하네요. ㅠㅠ 정말 감사합니다.

선생님의 놀이 아이디어는 수업에 활용하기가 너무 좋아요. 아이들도 무척 재미있어 하고요. 야구 골든벨 특히 좋았습니다. 늘 감사드려요.

아이들이 정말 좋아했습니다. 또 하자고 하더군요. 탈락이 없어 탈락자들 신경 쓸 필요도 없고 아이들도 부담 없어서 너무 좋네요.

- 'PART 03의 수업놀이'에 대한 교사 커뮤니티 댓글 후기 중

 **오리구출작전**

우리 편을 구출하라!

문제지를 빼앗기면 오리가 됩니다.

오리처럼 오리걸음으로 힘들게 이동해야 합니다.

이를 본 같은 팀 학생은 재빨리 다른 문제지를 가져와 오리를 구출해야 합니다.

일이 잘못되면 마이너스 점수를 받게 되니까요!

이렇게 활용하세요!

- 수업 20~30분 전개활동
- 국어 : 지문이 길 때, 짧은 지문 2~3개
- 수학 : 연산, 도형영역
- 사회, 과학 : 단원정리 활동

- 준비물 : A4 용지
- 소요시간 : 20~30분
- 대형 : 전체
- 활동 형태 : 개인 + 모둠
- 교사 개입 : 5%

오리구출작전

<활동영상 보러가기>

준비 ~

① 각자 A4 용지 1장을 나눠주고 4등분한 뒤 범위 내에서 4장의 문제지를 만든다.

② 문제지는 아래와 같이 문제와 답 형식으로 만든다.

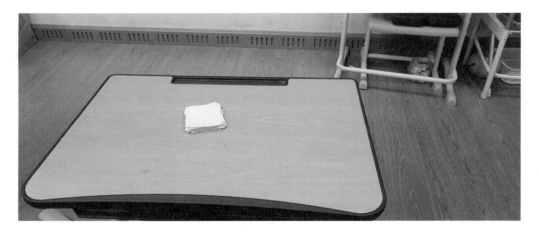

> 모든 사람의 인권 보장을 위해
> 활동하는 국제인권단체는?
>
> 정답 : 국제엠네스티

<문제와 답을 적은 모습>

③ 모둠은 3개로 구성한다. 일반적으로 세 개의 분단이므로 분단을 기준으로 세 모둠으로 나눈다.

④ 만든 문제지를 자기 모둠(분단)의 맨 앞 책상에 모은다.

<문제지를 분단의 맨 앞 책상에 모은 모습>

⑤ 세 모둠(분단)이 같은 개수의 문제지를 갖는다. 예를 들어 1분단은 8명이라서 32장을, 2분단은 7명이라서 28장의 문제지를 만들었다면, 1분단의 문제지 중 4개를 버리고 모두 28개로 통일한다.

⑥ 모두 각자 모둠(분단)의 문제지를 한 장씩 갖는다. 나머지 문제지들은 맨 앞의 책상에 모둠별로 쌓아 놓는다.

시작 ~ !

① 각자 자기 모둠의 문제지를 한 장씩 들고 다른 모둠의 학생을 만난다.

② 만나면 가위바위보를 하고 진 학생이 본인이 가진 문제를 이긴 학생에게 출제한다.

③ 가위바위보에서 이긴 학생은 문제를 듣고 정답을 말한다.

④ 만약 정답이면 상대방의 카드를 빼앗아 자기 모둠의 카드 더미에 넣고 다른 친구를 만나 계속 놀이를 진행한다. 만약 틀렸다면 반대로 가위바위보에서 이긴 학생이 문제를 내고 상대방이 문제를 맞힌다. 둘 다 틀렸다면 그냥 헤어진다.

⑤ 상대방이 정답을 맞혀 카드를 빼앗긴 학생은 오리걸음으로 돌아다니며 자기 모둠원에게 구조를 요청한다.

⑥ 같은 모둠원이 오리걸음을 하는 것을 발견하면 자기 모둠의 카드 한 장을 더 뽑아 오리걸음을 한 학생에게 문제를 출제한다.

<오리걸음을 한 같은 팀원에게 문제를 내고 있는 학생 모습>

⑦ 오리걸음을 한 학생이 문제를 맞히면 구조되어 오리걸음에서 해방되며 해당 문제지를 들고 계속 놀이를 진행할 수 있다.

⑧ 만약 오리걸음을 한 학생이 문제를 틀리면 모둠원은 다른 문제지로 변경하여 다시 문제를 출제하며 맞힐 때까지 계속 이 과정을 거친다.

⑨ 일정 시간이 지났을 때 카드를 가장 많이 가진 모둠이 승리한다. 다만, 놀이가 끝났을 때 오리걸음을 한 학생이 있던 모둠은 한 명당 -3점을 받는다.

　예) A 모둠이 총 40장의 문제지를 모았고 오리걸음에서 탈출하지 못한 학생이 2명이라면 -6점을 받아 최종 점수는 34점이 됨

주의 !

① 틀렸을 경우 반드시 답이 무엇이었는지 확인한 후 헤어집니다.

🐧 이종대왕 TIP

굉장한 학습량

학습놀이이지만 실제로 학생들은 어마어마하게 학습을 많이 하게 됩니다. 돌아다니며 계속해서 문제를 맞혀야 하고 문제지를 빼앗긴 학생은 맞힐 때까지 끊임없이 다양한 문제를 접해야 합니다. 분명 공부를 하고 있는데도 아이들은 그게 그렇게 재미있답니다. 상대 팀의 문제지를 뺏는 과정에서 성취감을 느끼고, 자신의 모둠원(오리)을 구출하는 과정에서 스릴과 뿌듯함을 느끼게 됩니다.

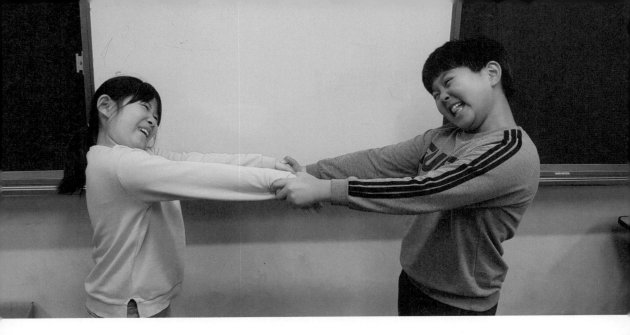

학습감염놀이 (2종)

교실 안에 학습 바이러스가 !

수업시간에 입도 뻥긋하지 않던 학생들이 자연스럽게 말을 하는 바이러스가 있다면 구입하시 겠습니까? 물론 당장 구입해야겠죠. 학습감염놀이는 아이들이 학습내용을 부담 없이 실컷 말할 수 있으며, 또래에게 지식과 아이디어를 배우는 동료학습 형태입니다. 부담스러울 정도로 정적이 흐르는 수업분위기에 지치셨다면 교실 안에 학습 바이러스를 퍼트려보세요.

이렇게 활용하세요!

- 수업 끝나기 10~20분 전 정리활동 및 수업 시작 후 10~20분 전시학습내용 상기
- 국어 : 토의나 토론, 3~4가지 이상의 주제가 있을 때
- 사회, 과학 : 3~5개 정도의 카테고리가 있는 학습요소
  - 5학년 사회 역사 (구석기, 신석기, 청동기, 철기) (고구려, 백제, 신라, 가야) 등
  - 3학년 과학 동물 (땅, 물, 사막, 날 수 있는 동물) 등
  - 4학년 과학 식물 (들, 산, 강, 연못에 사는 식물) 등
  - 6학년 사회 대륙 (아시아, 아프리카, 오세아니아, 유럽, 남아메리카, 북아메리카) 등
  - 5학년 사회 계절별 기후 및 생활 모습 (봄, 여름, 가을, 겨울) 등

- 준비물 : 없음
- 소요시간 : 10~20분
- 대형 : 모둠
- 활동 형태 : 개인 + 모둠
- 교사 개입 : 10%

42 학습감염놀이

<활동영상 보러가기>

준비 ~

① 학습주제 수에 맞게 모둠을 구성한다. 예를 들어 봄, 여름, 가을, 겨울과 같이 4개의 주제면 4모둠으로 구성한다.

② 모둠마다 한 개의 주제를 맡아 10분 동안 학습한다. 예를 들어 봄을 맡은 모둠은 봄의 생활 모습에 대해 최대한 브레인스토밍하며 공유한다.

③ 각 주제에 어울리는 동작과 구호를 정한다. 예를 들어 여름은 수영하며 "어푸어푸" 하는 동작과 구호, 가을은 머리 위로 두 손을 올리고 원을 그리며 "달~달~무슨 달, 쟁반같이 둥근 달"과 같이 정할 수 있다.

④ 모든 모둠이 동작과 구호를 정하면 발표를 한다.

시작 ~ !

① 다른 주제를 맡은 친구를 만나 가위바위보를 한다.

② 가위바위보에서 진 사람이 먼저 자신이 맡은 주제의 단어를 이야기한다.
   예) 봄을 맡은 학생이 "개나리!"라고 말함

③ 그다음 이긴 사람이 단어를 이야기한다. 이렇게 서로 번갈아가며 자신이 맡은 학습 단어를 이야기한다.
   예) 가을을 맡은 학생은 "추석!"이라고 말함

④ 더 이상 말할 단어가 없는 사람이 지게 된다.

⑤ 진 사람은 이긴 사람의 주제에 감염되고 서로 헤어져 다른 주제의 친구들을 만나러 간다.

예) 봄과 가을이 대결하여 봄이 이기면 가을을 맡은 학생은 봄의 동작과 구호를 하며 다른 계절을 만나 봄에 대해 말함

⑥ 위와 같은 방식으로 진행하여 한 주제로 모두 통일이 되면 놀이가 끝난다.

주의 !

① 단어뿐만 아니라 문장으로도 가능합니다.

　예) 주제가 구석기, 신석기, 청동기, 철기라면

　　　구석기를 맡은 팀은 "동굴에 살았다, 채집생활을 했다" 등

　　　신석기는 "움집에 살았다, 최초로 농사를 시작했다, 곡식을 저장했다" 등

② 놀이 전에 판정단 2명을 추천받아 뽑습니다. 배려심이 많고 이야기를 잘 들어주며 학습이 잘된 학생들 중에 선출하는 것이 좋으며, 팀조끼를 입고 있거나 스카프 등으로 구분합니다. 판정단은 승부가 애매모호한 친구들의 승패를 결정하는 역할이며, 상대방의 답이 맞는지 잘 모르는 친구들이 손을 들었을 때 도움을 주도록 합니다. 이때 이야기를 단호하게 듣고 승패를 결정해야 하며 결정이 힘들 땐 선생님에게 도움을 요청합니다.

③ 답은 10초 안에 이야기해야 합니다. 로테이션이 원활하게 이루어질 수 있도록 방금 말한 학생은 손가락으로 10을 세어 다음 학생이 10초 안에 답하게 합니다. 또한 일부러 소리를 크게 내거나 빠르게 10을 세는 행동은 반칙임을 미리 공지합니다.

 **토론감염놀이**

<활동영상 보러가기>

시작 ~!

① 찬반이 고루 나뉘는 주제를 선정하고 찬성모둠과 반대모둠을 정한다.

② 모둠별로 미리 조사해 오거나 컴퓨터실을 활용하여 근거를 마련한다.

③ 판정단을 2명 뽑는다. 판정단임을 나타낼 수 있도록 팀조끼를 입거나 손에 스카프 등을 든다.

④ 활동이 시작되면 찬성모둠은 가슴 앞에 손으로 O를, 반대모둠은 X를 그리며 돌아다닌다.

⑤ 찬성모둠과 반대모둠은 서로 만나 가위바위보를 하고 진 사람이 먼저 근거를 한 개 이야기한다.

⑥ 번갈아가며 근거를 한 개씩 말한다.

⑦ 10초 안에 근거를 대지 못하는 학생은 패하게 되며 상대 모둠에 감염되어 돌아다닌다.

　예) 이긴 학생이 찬성모둠이면 진 학생은 찬성모둠이 되어 돌아다님

⑧ 상대 모둠의 근거가 억지라고 생각되거나 승부가 나지 않으면 판정단을 불러 승패를 가린다.

<판정단이 양측 이야기를 듣는 모습>

주의 !

① 토론감염놀이는 번갈아가며 근거만 하나씩 이야기하는 활동입니다. 하지만 근거에 대한 반론을 제기하며 토론처럼 이어 나가는 학생들이 있습니다. 이 놀이의 목적은 근거를 최대한 브레인스토밍하는 것이며 다음 차시에 실제 토론을 할 계획이니 우선 근거만 '끝말잇기'처럼 이야기하라고 강조합니다.

🐧 이종대왕 TIP

놀이하다 보니 자연스러운 동료학습

공부를 제대로 안 한 신석기를 맡은 학생이 청동기를 맡은 학생과 만났습니다. 청동기 학생이 "사유재산을 가지게 되었다."라고 말했고 신석기 학생은 답을 못했습니다. 이제 신석기를 맡은 학생은 청동기로 감염이 되었고 다음 상대를 만났을 때 최소 "사유재산을 가지게 되었다."고 한마디는 할 수 있게 됩니다. 이렇듯 점점 놀이를 하며 학습주제에 대해 아는 것이 자연스럽게 많아지게 됩니다. 열심히 학습한 학생은 끊임없이 기억을 떠올리며 아는 내용을 확인할 수 있게 되며, 수업시간에 집중을 못하는 학생들도 동료학습을 통해 자연스럽게 필수적인 학습내용을 인지하게 됩니다.

말 그대로 아이스브레이킹임을 명심

활동 목적은 학습내용 암기, 토론 실력 양성이 아닌 모두가 쉽게 입을 열어 다양한 아이디어를 생성하는 자연스러운 분위기 조성에 있습니다. 따라서 다소 엉뚱한 답이나 이상한 근거를 말하는 학생들도 이 놀이에서만큼은 이해해주고 열심히 자신의 생각을 말했다는 것에 의의를 두는 등 열린 마음으로 진행하시기 바랍니다.

44 집단 스피드퀴즈

집단지성의 힘!

보통 '몸으로 말해요'와 같은 스피드퀴즈는 혼자 몸으로 단어를 설명하는 방식이기 때문에 쉽게 설명할 수 있는 문제만 출제합니다. 따라서 '염전'이나 '그래프'와 같이 몸으로 설명하기 어려운 단어는 출제목록에서 제외하곤 합니다. 하지만 집단 스피드퀴즈에서는 난이도를 고려할 필요가 없습니다. 교과서 범위 내 문제만 출제하기 때문에 아이들이 한정된 범위를 인지한 상태에서 한 명만 설명하지 않고 모두가 동시에 설명하는 방식이기 때문이죠.

• 수업 끝나기 10~20분 전 정리활동
• 수업 시작 후 10~20분 전시학습내용 상기
• 국어 : 1~2차시 분량의 지문의 중요 단어들
• 사회, 과학 : 언제든지

■ 준비물 : PPT 문제(없어도 무방)
■ 소요시간 : 10~20분
■ 대형 : 전체
■ 활동 형태 : 팀전
■ 교사 개입 : 10%

<활동영상 보러가기>

준비 ~

① 책상을 일반적인 3분단에서 2분단 대형으로 바꾼다.

② 교실 앞에 칠판을 등지도록 책상을 두 개 놓는다(1개는 1분단 앞에, 나머지 1개는 2분단 앞). 의자는 책상당 2개씩 놓는다.

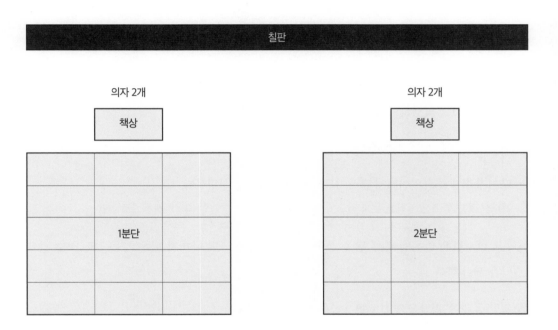

<2분단 대형 및 각 분단 앞에 책상과 의자를 놓은 모습>

③ 칠판 앞의 책상에는 각각 골든벨 판과 보드마카를 한 개씩 올려놓는다. 없다면 스케치북이나 일반 공책도 가능하다.

④ 각 분단에서 두 명씩 짝을 지어 조를 나눈다.

⑤ 선생님은 출제 범위 내의 학습단어들을 PPT에 한 슬라이드당 한 개씩 넣는다(교과서를 보고 칠판에 바로 단어를 적어도 무방).

의식주

<슬라이드 문제 예시>

시작 ~ !

① 각 분단의 1조 학생들이 교실 앞 책상에 칠판을 등지고 앉는다.

② 선생님은 화면에 문제를 띄운다.

③ 나머지 학생들은 일어서서 슬라이드의 문제를 몸으로 설명한다.

　　예) 의식주면 먹고 있는 학생, 옷을 입고 있는 학생, 집에서 자는 학생 등 다양하게 몸으로 설명

④ 1조 학생들은 골든벨 판에 답을 쓰고, 한 팀이 답을 쓰면 나머지 팀은 자동으로 10초 안에
　　답을 써야 한다.

⑤ 정답 공개 후 정답을 맞힌 팀은 1점을 갖는다(칠판에 체크).

⑥ 1조 학생들은 들어가고 2조 학생들이 앞에 나와 앉으면 다음 문제를 진행한다.

주의 !

① 몸으로만 학습단어를 설명하기 때문에 다소 어려울 수 있습니다. 하지만 최근 배운 단어라는
　　점을 계속 상기시키면 의외로 문제를 잘 해결합니다.

　　예) 사회 2단원 주제가 '의식주'라는 점을 계속 상기시키기

② 글자 수는 미리 알려주고, 만약 두 팀 모두 답을 쓰지 못하고 있으면 초성 힌트를 부여합니다.

③ 문제의 뜻을 모르는 학생들은 주위 친구들이 하는 동작을 보고 따라 하면 됩니다.

④ 맨 뒤에 앉은 학생들만 의자에 일어서서 설명하는 것을 허용합니다(앞의 친구들 때문에 가려서 보이지 않기 때문).

 **이종대왕 TIP**

어려울수록 성취감 최고

처음 집단 스피드퀴즈를 기획하고 진행했을 때는 적당한 수준의 단어만 출제했습니다. 예를 들면 3학년 학생들을 대상으로 의식주, 스키장, 펜션 등 충분히 몸으로 설명 가능한 학습단어만 출제했죠. 이 정도면 '난이도가 적당하겠구나.' 했는데 생각보다 3학년 아이들이 몸으로 너무 잘 설명하고 쉽게 정답을 맞혔습니다.

그래서 그래프, 염전, 강수량, 우데기처럼 몸으로 설명하기 어려운 단어들을 출제해봤습니다. 하지만 모두가 함께 설명을 하는 집단 스피드퀴즈에서는 그리 큰 문제가 되지 않았습니다. 그래프의 경우 손으로 직접 가로축과 세로축을 그리고 꺾은선 그래프를 손으로 나타내는 등 다양한 힌트들로 정답을 손쉽게 이끌어냈기 때문입니다.

평생 기억에 남을 단어

교과서의 핵심단어들을 평소대로 가르치고 문제만 풀고 지나갔다면 한 달도 지나지 않아 언제 그런 단어를 배웠나 가물가물하겠죠. 하지만 반 친구들과 다 함께 핵심단어를 몸으로 설명하며 신나게 웃고 즐긴 추억은 평생 기억에 남는 지식으로 머릿속에 저장됩니다.

집단그림 스피드퀴즈

몸이 아니라 그림으로 설명하는 방식입니다. 모두 보드판을 갖고 제시어를 그림으로 표현한 뒤 앞의 친구에게 보여주는 방식입니다. 이때 그리는 시간을 짧게 주는 것이 더욱 재미있습니다. 10~20초만 세고 단호하게 "STOP!"을 외쳐주세요.

야구골든벨 (5종)

탈락 없는 골든벨 !

문제를 맞힐 때마다 야구 경기처럼 한 루씩 이동하며 홈까지 가는 야구골든벨! 이 놀이의 장점은 기존 골든벨처럼 가만히 앉아서 활동하는 정적인 방식이 아닌 움직이며 문제를 해결하는 동적인 방식이라는 점입니다. 문제를 틀려도 감점 및 탈락이 없습니다. 진행도 수월하기 때문에 모든 아이들이 마지막 문제까지 집중하여 참여하는 의미 있는 활동입니다.

이렇게 활용하세요!

- 수업 시작 후 20분 전시학습내용 상기
- 수업 20~30분 전개활동
- 수업 끝나기 20분 전 정리활동
- 국어, 사회, 과학 : 단원정리
- 어떤 과목이든지 골든벨 PPT가 있을 때

■ 준비물 : 골든벨 PPT, 개인보드판 및 보드마카(공책도 가능)
■ 소요시간 : 20~30분
■ 대형 : 개인 + 모둠
■ 활동 형태 : 모둠
■ 교사 개입 : 5%

 **45 야구골든벨**

<활동영상 보러가기>

준비 ~

① 학생들은 책상 위에 보드판과 보드마카, 지우개(휴지)를 준비한다. 만약 보드판이 없다면 공책으로 해도 좋다.

② 보드판에 점수칸을 그려놓는다.

<보드판에 점수칸을 그린 모습>

시작 ~ !

① 학생들은 모두 제자리에 앉아서 시작한다. 제자리는 홈이다.

② 첫 번째 문제를 보고 답을 보드판에 적는다.

③ 정답을 공개하면 맞힌 학생들은 교실의 1루로 간다. 이때 틀린 학생들은 그대로 자리에 앉아 있는다.

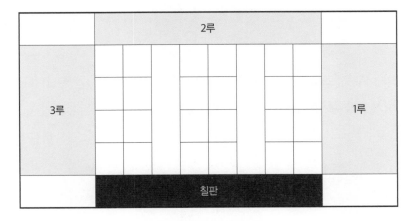

<교실의 1루, 2루, 3루 위치>

④ 두 번째 문제에서 정답을 맞힌 1루 학생들은 2루로(교실 뒤편), 앉아 있던 상태에서 정답을 맞힌 학생들은 1루로 이동한다.

⑤ 세 번째 문제에서 정답을 맞힌 2루에 있던 학생들은 3루로(왼쪽 창가). 나머지 학생들도 다음 루로 이동한다.

⑥ 3루에서 정답을 맞힌 학생들은 다시 제자리에 앉아 점수칸에 동그라미로 1점을 표시한다. 즉, 4문제를 맞히면 점수를 얻게 되는 방식이다.

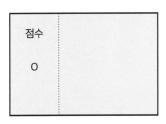

<점수를 표시한 모습>

⑦ 계속 진행하여 문제를 맞히면 다시 1루 → 2루 → 3루 → 제자리에 앉아 1점 표시 → 다시 1루 순으로 이동하며, 문제를 틀릴 경우 그 자리에 머무른다.

⑧ 준비한 모든 문제가 끝나면 점수로 순위를 결정한다.

주의 !

① 문제 개수가 너무 적으면(10문제 이내) 점수를 많이 얻지 못하고 놀이가 끝납니다. 최소 20개 이상의 문제가 있을 때 야구골든벨을 하는 것이 좋습니다.

<활동영상 보러가기>

(준비과정은 같으나 방식이 다소 상이하다.)

시작 ~ !

① 선생님과 가위바위보 대결을 한다. 선생님이 구령을 외침과 동시에 학생들도 가위바위보를
   한다.

② 선생님을 이긴 학생들만 한 단계 이동한다.

③ 3루를 거쳐 홈까지 가면 칠판의 모둠점수판에 동그라미 한 개를 그린다.

④ 중간에 이구동성퀴즈를 출제한다. 이구동성퀴즈는 (부먹, 찍먹)을 외치고 '하나, 둘, 셋!' 박자
   에 맞춰 선생님과 아이들이 동시에 하나를 선택하여 말하고, 선생님과 동일한 것을 고른 학생
   들은 한 단계 이동하는 방식이다.

예) (양념치킨, 후라이드치킨), (여름, 겨울) 등 다양한 문제 가능

⑤ 미션 문제도 출제한다. '선생님이 공을 던지고 한 바퀴 돌아서 잡을 수 있을까?'와 같은 문제를
   활용할 수 있으며, OX로 답을 적은 뒤 실제로 미션을 수행하는 방식이다.

　　예) '동석이와 호동이가 팔씨름을 하면 누가 이길까?', '다경이와 아인이가 허벅지씨름을 하면 누가 이길까?' 등
　　　　다양한 문제 가능

47 이심전심 야구골든벨

(준비과정은 같으나 방식이 다소 상이하다.)

시작 ~ !

① 모둠 대형으로 바꾼다.

② 선생님은 수업시간에 배운 내용 중 2~3가지로 답할 수 있는 질문을 한다. 질문 방식은 "○○○ 하면 떠오르는 것은?"과 같은 형식으로 한다.

  예) 신석기시대를 배울 때 "곡식을 저장한 도구는?"과 같이 질문하면 '빗살무늬토기'로만 답할 수 있다. 하지만 "곡식을 저장했다고 하면 떠오르는 것은?"이라고 질문을 할 경우 답은 '빗살무늬토기'도 나올 수 있고 '사유재산'이라는 답도 나올 수 있다.

③ 학생들은 가린 채로 답을 적고 보드판을 뒤집는다. 이때 보드판을 뒤집으면 더 이상 고칠 수 없다.

④ 20초 정도 시간을 준 뒤 보드판을 들고 답을 확인한다.

⑤ 모둠원 모두가 같은 답을 적으면 1루로 이동한다. 다만 주제와 완전히 다른 답을 적은 경우는 틀린 것으로 간주한다.

  예) "신석기시대에 곡식을 저장했다고 하면 떠오르는 것은?" 질문에 모두 '민무늬토기'로 답한 경우

⑥ 위와 같은 방식으로 진행하여 먼저 3루를 거쳐 홈에 도착한 모둠이 승리한다.

주의 !

① 2~3가지 정도로 답할 수 있는 제한적 질문을 합니다. 선사시대의 신석기를 배우며 "곡식을 저장했다고 하면 떠오르는 것"을 물으면 대부분 '빗살무늬토기'나 '사유재산'을 적습니다. 선생님

이 수업 중 강조한 부분에 따라 답이 살짝 달라지는 것이 묘미라 할 수 있습니다. 모둠원 4명 중 3명은 같은 답을 적었는데 마지막 한 명이 다른 답을 적어 박장대소하는 경우가 참 많습니다.

질문	의도한 답
선사시대를 배우며 '계급사회' 하면 떠오르는 것은?	고인돌 또는 청동거울 등
삼국시대를 배우며 '삼국통일' 하면 떠오르는 것은?	김유신 또는 문무왕, 화랑도 등
삼국시대를 배우며 '가야' 하면 떠오르는 것은?	철 또는 김수로 등
'고조선' 하면 떠오르는 것은?	8조법, 단군왕검, 마늘 등

<이심전심 야구골든벨 문제 예시>

이심전심 골든벨
(Ver. 교실놀이)

(준비과정은 같으나 방식이 다소 상이하다.)

시작 ~ !

① 선생님은 2~3가지로 답할 수 있는 질문을 한다.

　　예) "'크리스마스' 하면 생각나는 것은?" 질문에 답은 "선물", "트리", "산타" 등이 나옴

생일	어버이날	학교	독도	짜장면
비	눈	크리스마스	김밥	회
설날	야구	공주	신혼	커피
경찰	북극	사막	바다	칠판

<이심전심 예시 문제 'OO 하면 생각나는 것은?'>

② 모둠원은 각자 답을 10초 안에 적는다. 당연히 보드판은 가린다.

③ 10초가 지나면 보드판을 공개하고 모두 같은 답을 적은 모둠은 한 단계 이동한다.

④ 이와 같은 방식으로 진행하여 먼저 3루를 거쳐 홈에 도착한 모둠이 승리한다.

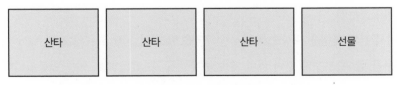

<'크리스마스 하면 생각나는 것은?'에 아이들이 적은 답>

49 이심전심 몸으로 골든벨

(준비과정은 같으나 방식이 다소 상이하다.)

시작 ~ !

① 선생님은 2~3가지 동작으로 표현할 수 있는 질문을 한다.

스파이더맨	컬링	요리사	상어	오토바이
지렁이	올챙이	개구리	코끼리	경찰
군인	선생님	해리포터	아이언맨	싸이

<이심전심 몸으로 골든벨 예시 문제>

② 선생님의 질문에 10초 동안 어떤 동작을 할지 생각한다.

③ '하나, 둘, 셋!' 구령과 동시에 생각해 둔 동작을 한다.

④ 모두 같은 동작을 했을 경우 한 단계 이동한다.

이종대왕 TIP

강당 야구골든벨

강당에서 전체 학생을 대상으로 야구골든벨을 할 때의 진행 요령입니다. 독서골든벨과 같은 행사를 할 때 모두가 탈락 없이 계속 문제를 풀 수 있는 의미 있는 활동입니다. 동학년 회의 시 탈락이 없기 때문에 오히려 진행이 수월하다는 점을 강조하면 획기적인 행사를 운영할 수 있습니다.

1. 미리 학급에서 한 번씩 타 교과로 야구골든벨을 하며 규칙을 익힙니다.
2. 강당의 벽에 1, 2, 3루 종이를 붙여 놓습니다.
3. 강당에 그려져 있는 피구 라인 안에서 시작하고, 그 자리를 홈으로 정합니다.
4. 이후 교실과 같은 방식으로 문제를 맞히면 1루 → 2루 → 3루 → 다시 제자리로 돌아와 보드판에 1점 표시를 합니다.
5. 중간에 보너스 문제를 냅니다.

각 반의 가장 힘 센 학생끼리 팔씨름	이긴 학생의 반 아이들 모두 다음 루로 각자 이동
각 반 함성소리 대결	가장 소리가 큰 반 아이들 모두 다음 루로 각자 이동
선생님들에 관한 재미있는 OX퀴즈	정답을 맞힌 학생들만 다음 루로 이동
진행자와 가위바위보	이긴 학생들만 다음 루로 이동

<보너스 문제 예시>

잠자는 코끼리 (3종)

인디 레전드 놀이 !

　잠자는 코끼리는 인디스쿨, 특히 영어교과에서 가장 많이 쓰이는 학습놀이 중 하나입니다. 그만큼 진행도 쉽고 즐거우며 무엇보다 학습 효과가 있습니다. PPT로 문제를 출제해야 하는 단점이 있지만 인디스쿨의 영어교과에는 매 차시마다 잠자는 코끼리 PPT가 있어 쉽게 다운로드하여 쓸 수 있습니다. 영어에 활용 가능하면 국어, 사회, 과학에도 충분히 활용 가능합니다. 또한 학생들이 직접 문제를 출제하는 방식으로 응용 가능합니다.

이렇게 활용하세요!

• 수업 시작 후 10~20분 전시학습내용 상기
• 수업 20분 전개활동
• 수업 끝나기 10~20분 전 정리활동
• 국어 : 띄어쓰기, 문장 만들기, 꾸미는 말 등
• 사회, 과학 : 언제든지

■ 준비물 ▶기존 버전 - PPT
　　　　　▶셀프 버전 - 없음
■ 소요시간 : 10~20분
■ 대형 및 활동 형태 : 모둠
■ 교사 개입 : 20%

잠자는코끼리

<활동영상 보러가기>

50 기존 잠자는 코끼리

준비 ~

① '잠자는 코끼리' PPT 문제를 준비한다.

<잠자는 코끼리 PPT 화면>

② 모둠 대형으로 자리를 바꾼다.

③ 모둠 내에서 번호를 정한다. 1~4번까지 정하며 5명일 경우 1명은 1~4번 중 하나를 정한다.

　　예) 만약 5번째 학생이 2번을 정하면 2번은 2명

④ 모두 엎드린다.

시작 ~ !

① 선생님이 "1번 학생 일어나세요!"라고 하면 각 모둠의 1번 학생들은 고개를 들고 1번 단어를
　확인한다.

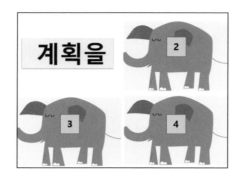

<1번 문제>

② 1번 학생은 엎드리고 "2번 학생 일어나세요!"에 2번 학생이 고개를 들고 2번 단어를 확인한다.

<2번 문제>

③ 이와 같은 방식으로 3, 4번 학생도 단어를 확인한다.

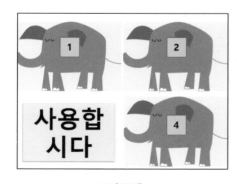

<3번 문제>

<4번 문제>

④ 4번 문제까지 확인하면 모두 고개를 들고 서로 봤던 단어를 공유하여 문장을 만든다.

   예) 용돈은 계획을 세워서 사용합시다.

⑤ 결과를 확인하고 정답을 맞힌 모둠은 1점을 획득한다.

⑥ 모두 엎드리고 다음 문제를 위와 같은 방식으로 해결한다.

주의 !

① 모둠 번호를 확실하게 인지시킵니다. 자신의 차례에 고개를 들지 않는 학생들이 종종 있기 때문입니다.

51 모서리에 잠자는 코끼리

시작 ~!

① 모둠별로 주제에 맞는 문장을 만든다.

　　예) 단군왕검은 홍익인간이념으로 고조선을 건국했다.

② 문장을 4등분한다.

　　예) 단군왕검은 / 홍익인간이념으로 / 고조선을 / 건국했다.

③ 각자 한 단어씩 맡고 이를 공책에 크게 적는다.

　　예) 1번 : 홍익인간이념으로

　　　　2번 : 건국했다.

　　　　3번 : 고조선을

　　　　4번 : 단군왕검은

④ 모든 모둠이 1문장씩 만들면 활동을 시작한다.

⑤ 의자 4개를 교실 코너에 놓는다.

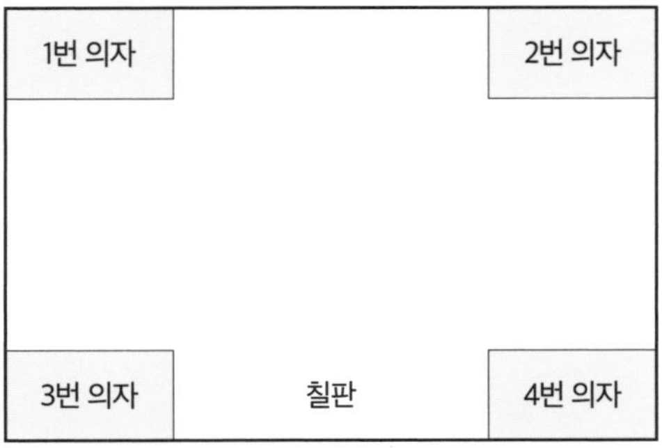

1번 의자		2번 의자
3번 의자	칠판	4번 의자

<각 코너에 의자를 놓은 모습>

⑥ 1모둠 학생부터 자신의 번호에 해당하는 의자에 앉는다.

    예) 1번-1번 의자, 2번-2번 의자

⑦ 다른 모둠의 1번 학생들은 1번 의자 앞으로, 2번 학생들은 2번 의자, 3~4번 학생들도 번호에 해당하는 의자 앞으로 이동한다.

⑧ 1모둠 학생들은 자신이 맡은 단어를 앞에 모인 학생들에게 보여준다.

    예) 1번 : 홍익인간이념으로

        2번 : 건국했다.

        3번 : 고조선을

        4번 : 단군왕검은

⑨ 단어를 확인한 학생들은 자신의 모둠으로 돌아와 서로 공유하며 문장을 만든다.

⑩ 결과를 확인하고 정답을 맞힌 모둠은 1점을 획득한다.

⑪ 다음은 2모둠 학생들이 의자에 앉아 문제를 내는 식으로 진행한다.

주의 !

① 4등분한 문장을 각각 공책에 적은 뒤 다시 꼭 확인합니다. 실수로 다른 문장을 적는 학생들이 있기 때문입니다.

52 모서리에 잠자는 폭탄

시작 ~ !

① 모둠별로 주제에 맞는 문장을 만든다.

예) 이종대왕은 별로 오징어를 좋아하지 않는다(문장의 호응관계에서).

② 문장을 3등분한다.

예) 이종대왕은 / 별로 오징어를 / 좋아하지 않는다.

③ 폭탄단어를 하나 만든다. 폭탄단어는 문장에 어울리지 않는 단어를 생각하여 넣는다.

예) 좋아한다(별로와 호응이 되지 않는).

④ '모서리에 잠자는 코끼리' 활동과 같이 1모둠부터 문제를 출제하고 나머지는 의자로 가서 문제를 확인한다.

⑤ 모둠으로 돌아와 확인한 단어를 공유하고 폭탄단어를 제외한 어울리는 문장을 완성한다.

🐧 이종대왕 TIP

학습을 두 번 더하다

문장의 완성에서 그치는 것이 아니라 완성된 문장으로 특별한 과제를 수행하는 방식입니다. 예를 들어 국어 띄어쓰기 영역을 주제로 한다면 모둠에서 문장을 완성한 뒤 띄어쓰기를 표시해야 합니다. 사회나 과학의 경우 문장을 문제 형식(고조선을 세운 왕은?)으로 만들고 모둠에서 문제를 조합한 뒤 정답까지 적어야 하는 방식입니다.

문제를 해결하는 것보다 유의미한 문제 출제하기

초등학교 교과서는 대체로 제시된 문제 해결을 목표로 하고 있습니다. 간혹 직접 출제하는 문제도 교과서에 나오긴 하지만 출제한 문제를 본인만 풀 수 있을 정도로 활용이 제한적입니다. 이 책에는 학생이 직접 문제를 출제하는 유형이 많이 소개되고 있습니다. 이는 익숙한 방식이 아니기 때문에 시간이 많이 소요될 수 있으나 주어진 문제를 해결하는 것보다 더욱 깊게 생각할 수 있으며, 친구들과 서로 출제한 문제를 해결하며 다양한 문제를 접해볼 수 있다는 장점이 있습니다.

릴레이 그리기 (5종)

실패할 수 없는 놀이 !

릴레이 그리기는 이미 이종대왕 TV 유튜브에서 10만 이상의 조회수를 기록할 정도로 철저히 검증된 놀이입니다. 학생들끼리 진행해도 될 정도로 규칙이 쉽고 간단하며, 어떤 학생들과 해도 반응이 폭발적인 완성도 높은 놀이입니다.

지금부터 릴레이 그리기 형태로 진행할 수 있는 5가지 놀이를 소개합니다.

이렇게 활용하세요!

• 미술 : 그리기영역
• 체육 : 표현영역
• 국어 : 관용어, 속담 등 그림으로 표현 가능할 때

■ 준비물 : 문제지
■ 소요시간 : 10~20분
■ 대형 : 모둠
■ 활동 형태 : 모둠
■ 교사 개입 : 5%

릴레이 그리기

<활동영상 보러가기>

준비 ~

① 아래 예시와 같이 문제지를 만든다(문제지는 '이종대왕 블로그'에서 다운).

1	해수욕장
2	폭염
3	아이스크림
4	계곡
5	팥빙수
6	학생이름
7	삼계탕
8	슬러시
9	운동회
10	선글라스
11	아프리카
12	학생이름
13	수박
14	부채
15	선풍기
16	모기
17	분수
18	얼음
19	에어컨
20	단체미션(다 같이) "선생님 사랑합니다!" 외치며 하트 날리기

<릴레이 그리기 문제지>

② 문제지는 뒤가 비치지 않도록 색지로 출력하고 쉽게 가릴 수 있도록 클리어 파일에 넣는다.

③ 모둠 대형으로 만들고 한 모둠당 8절 도화지 1장을 나눠준다.

④ 모둠 내에서 1, 2, 3, 4번 순서를 정한다.

시작~!

① 선생님은 문제지를 들고 교실 귀퉁이에서 대기한다.

② 시작하면 각 모둠의 1번 학생이 동시에 나와 선생님께 1번 문제를 확인한다(1번 문제만 볼 수 있도록 나머지 문제들은 클리어 파일에 가려져 있음).

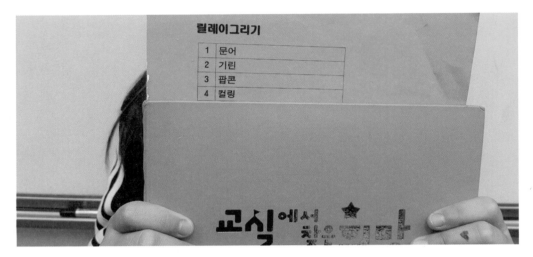

<클리어 파일로 나머지 문제를 가린 모습>

③ 문제를 확인한 학생들은 자리로 돌아가 모둠원에게 그림으로 단어를 설명한다(글이나 말로는 설명할 수 없고 오직 그림으로 설명).

④ 정답이 나오면 2번 학생이 선생님께 가서 정답을 귓속말로 이야기한다. 그리고 2번 문제를 확인 후 모둠으로 돌아가 그림으로 설명한다.

⑤ 역시 정답이 나오면 3번 학생이 선생님께 가서 2번 문제의 정답을 귓속말로 이야기하고 3번 문제를 확인한다.

⑥ ②~⑤번의 과정을 반복하며 먼저 20번 문제까지 해결한 모둠 순으로 순위가 결정된다.

⑦ 20번 문제는 단체미션으로 그림을 그리지 않고 미션을 몸으로 수행하며 자연스럽게 끝을

알린다. 예를 들어 20번 문제에 '만세삼창'이라 적혀 있다면 모둠원에게 미션을 말로 이야기하고 다 함께 만세를 세 번 하면 된다.

주의!

① 공정한 게임을 위해 중간에 선생님의 위치를 이동합니다. 만약 선생님이 칠판 앞에 있다면 앞에 앉은 모둠에게 유리하기 때문에 3문제마다 한 번씩 교실의 전후좌우로 이동합니다.

② 답을 맞힐 때 다른 모둠이 들을 수 있기 때문에 조용히 이야기해야 합니다. 또한 선생님께 답을 말할 때도 조용히 귓속말로 얘기합니다. 만약 선생님께 갔는데 다른 모둠의 학생이 먼저 와 있으면 다섯 걸음 뒤에서 기다립니다.

③ 마음이 급하여 입 모양으로 답을 이야기하는 학생들이 있습니다. 이때에는 문제를 설명하는 학생은 고개를 숙이고 그림만 그리도록 하여 해결할 수 있습니다. 그래도 반칙을 하는 모둠에게는 '1분간 문제풀기 금지'와 같은 페널티를 부여합니다.

릴레이 몸으로 말해요

<활동영상 보러가기>

(준비과정은 같으나 방식이 다소 상이하다.)

시작 ~ !

① '릴레이 그리기'에서 그림 대신 몸으로 단어를 설명한다.

② 문제를 내는 학생은 일어서서 설명한다. 앉아서 설명하면 소극적일 수밖에 없으며 표현이 제한된다.

③ 단, 물건을 손으로 가리킬 수 없다. 예를 들어 '선풍기'가 문제라면 교실 내의 선풍기를 손으로 가리키는 것은 반칙이다.

<활동영상 보러가기>

(준비과정은 같으나 방식이 다소 상이하다.)

시작 ~ !

① 각 모둠의 책상 위에 주사위를 한 개씩 올려놓는다.

② 시작하면 각 모둠의 1번 학생이 동시에 나와 선생님께 1번 문제를 확인한다.

③ 모둠으로 돌아와 주사위를 굴린다.

④ 주사위 숫자가 1이나 2가 나오면 그림으로 설명하고, 3이나 4가 나오면 몸으로, 5나 6이 나오면 말로 설명한다.

주사위 1, 2	그림으로 설명하기
주사위 3, 4	몸으로 설명하기
주사위 5, 6	말로 설명하기

<주사위 숫자별 규칙>

⑤ 정답이 나오면 2번 학생이 선생님께 가서 정답을 귓속말로 이야기한다. 그리고 2번 문제를 확인 후 모둠으로 돌아가 주사위를 굴린다.

⑥ ② ~ ④번의 과정을 반복하며 먼저 20번 문제까지 해결한 모둠 순으로 순위가 결정된다.

⑦ 주사위를 세게 던지지 않도록 사전에 주의를 준다.

<활동영상 보러가기>

시작 ~ !

① 문제지를 준비한다(문제지는 '이종대왕 블로그'에서 다운).

② 아래 그림과 같이 각 모둠의 책상 1개는 칠판을 등지게 놓는다.

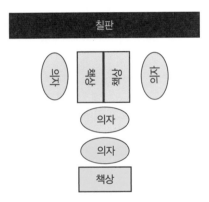

<협동 릴레이 그리기의 각 모둠 대형 모습>

③ 모둠 내에서 1, 2, 3, 4번 순서를 정한다.

④ 1번 학생(술래)은 칠판에 등진 의자에 앉는다(위 그림의 노란색으로 표시된 자리).

⑤ 술래인 1번 학생은 엎드린다.

<칠판에 등져 엎드려 있는 술래 모습>

⑥ 술래를 제외한 나머지 학생들은 칠판 또는 TV 화면에 제시된 문제를 확인 후 돌아가며 한붓 그리기로 그림을 그린다.

※ 한붓그리기 : 연필을 종이에서 떼지 않고 한 도형만 그림

⑦ 술래가 들을 수 있기 때문에 그림을 조용히 그린다.

⑧ 모두 그림을 한 번씩 그리면 술래에게 보여준다.

⑨ 술래는 정답을 그림 위에 적는다.

⑩ 선생님이 "하나, 둘, 셋!"을 외치면 정답이 맞는지 확인한다.

⑪ 정답을 맞힌 술래는 칠판의 자신의 모둠 칸에 동그라미를 그린다.

⑫ 모둠의 2번 학생이 다음 술래가 된다.

그림 마피아

시작 ~

① 시민과 마피아용 문제를 준비한다.

② 아래 그림과 같이 3장은 정답을 적고, 나머지 한 장은 힌트만 적은 뒤 두 번 접는다.

흥부와 놀부	흥부와 놀부	흥부와 놀부	힌트 : 제비

③ 쪽지를 펼쳐 문제를 확인한 뒤 각 모둠의 1번부터 차례대로 한붓그리기로 그림을 그린다.

④ '흥부와 놀부'를 받은 시민들은 마피아가 알아채지 못하게 적당히 '흥부와 놀부' 관련 그림을 한붓그리기로 그리고, '힌트 : 제비'를 받은 마피아 역시 자신이 마피아임을 들키지 않도록 다른 학생이 그린 그림을 참고하며 눈치껏 그림을 그린다.

⑤ 번호순으로 차례대로 진행하며 모두 2번씩 그림을 그리면 투표를 한다.

⑥ 시민은 마피아라고 생각되는 학생의 이름을 적고, 마피아는 시민들이 받은 문제를 추리해서 적는다(문제지 뒷면에 적음).

⑦ 시민은 마피아가 누군지 맞혔을 경우 1점, 마피아는 문제를 맞혔을 경우 1점을 얻는다.

⑧ 그림 마피아를 '한마디 마피아'로 변형할 수 있다. 문제를 한마디씩 말로 번갈아가며 말하는 형식이다.
  예) 정답이 '흥부와 놀부'일 경우 "착하게 살아야지", "동물을 보호해야 돼" 등

흥부와 놀부	힌트 - 제비
이순신	힌트 - 바다
고조선	힌트 - 마늘
강시	힌트 - 스님
피카츄	힌트 - 전기

<그림 마피아 문제 예시>

 이종대왕 TIP

공유하는 즐거움

한 판이 끝나면 바로 다음 판을 시작하기 전에 실물화상기로 아이들이 그렸던 그림들을 보여주세요. 아이들의 그림들을 보며 퀴즈식으로 무엇을 그린 것인지 맞히는 시간을 가지는 것도 좋습니다. 친구들의 재치 넘치는 그림들을 보며 한 번 웃고, 우스꽝스럽게 그린 그림들을 보며 또 한 번 같이 웃습니다. 같은 문제를 사람마다 다르게 표현하는 것을 보며 아이들은 많은 아이디어를 머릿속에 담아갈 것이며 배움의 기쁨에 모두가 행복해집니다.

예술 점수

다른 모둠보다 빨리 끝난 모둠은 이제 뭐하면 되냐고 선생님께 묻기 마련입니다. 어떤 활동이든 아이들은 틈이 생기면 트러블을 일으키기 때문에 철저하게 먼저 끝난 모둠에 대한 대책을 미리 마련해 놓는 것이 좋습니다. 이번 릴레이 그리기 활동에서는 '예술 점수'를 부여한다고 공지합니다. 그린 그림을 예쁘게 색칠하면 보너스 점수를 주고 실물화상기로 보여줄 때 칭찬을 합니다.

58 월드갤러리

월드카페와 갤러리활동을 융합!

　미술 및 기타 교과 수업 시 한 명씩 자신의 아이디어와 생각을 발표하는 수업을 많이 하게 됩니다. 그러나 이러한 방식은 시간도 많이 소요되고 아이들을 끝까지 집중시키는 것이 여간 힘든 일이 아닙니다. 이제 학생 주도 월드갤러리활동으로 감상 및 평가활동을 의미 있게 진행해보세요. 학기 초에 규칙을 잘 적용해놓으면 1년 내내 활용할 수 있는 좋은 방법입니다.

 이렇게 활용하세요!

- 수업 끝나기 10~20분 전 정리활동
- 연차시의 2번째 차시 수업
- 국어 : 이야기 쓰기 활동, 그림으로 나타내기 활동의 사후활동
- 미술 : 상상하여 그리기, 아이디어 표현하기, 이야기 꾸미기의 사후활동
- 과학, 실과 : 발명 등의 아이디어가 있는 작품 만들기의 사후활동
- 사회 : 미래 도시 계획하기, 에너지 상상하기 등의 사후활동

- ■ 준비물 : 없음
- ■ 소요시간 : 30분
- ■ 대형 : 모둠
- ■ 활동 형태 : 개인
- ■ 교사 개입 : 20%

<활동영상 보러가기>

준비 ~

① 작품을 준비한다.

② 선생님은 칠판에 작품 선정 기준을 제시한다.
   예) 실현가능한가?, 꼭 필요한가? 등

③ 자신의 작품을 어떻게 설명할지 3분 동안 생각한다.

④ 모둠장을 한 명씩 뽑는다. 이때 가급적 기억력이 좋고 말을 잘하는 학생으로 선발한다.

시작 ~ !

① 모둠원들이 돌아가며 모둠장에게 자신의 작품을 설명한다.

② 모둠장은 작품 설명을 잘 기억하고 중요한 내용은 메모한다.

③ 모든 친구들의 설명이 끝나면 모둠장이 작품을 모은다.

④ 선생님의 시작 신호와 함께 모둠장은 시계 방향에 위치한 옆 모둠으로 이동한다.

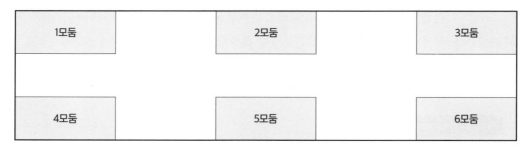

<1모둠장은 2모둠으로, 2모둠장은 3모둠으로 3모둠장은 6모둠으로 이동>

⑤ 다른 모둠에게 자신이 속한 모둠 친구들의 작품들을 하나씩 설명하고 질문을 받는다.

⑥ 5분이 지나면 옆 모둠으로 이동하여 똑같이 설명하고 질문을 받는다.

⑦ 한 바퀴를 돌아 자신의 본 모둠으로 돌아오면 작품을 책상에 펼쳐놓는다.

⑧ 모두 일어서서 시계 방향으로 이동하며 작품을 감상한다. 이때 자신의 모둠 작품만 봤던 모둠 장도 다른 모둠의 작품들을 감상하고, 선생님이 제시한 선정 기준에 부합하는 작품을 2점 생각해 놓는다.

⑨ 다시 제자리로 오면 선생님께 스티커를 2개 받는다.

⑩ 자신이 뽑은 두 작품에 스티커를 붙이고 돌아온다.

⑪ 자신의 작품에 붙여진 스티커를 확인하되 특별히 등수를 매기지 않고 활동을 끝낸다.

주의 !

① 모둠장이 이동하여 설명하는 활동 전에 아래와 같이 규칙을 공지합니다.

　※ 설명을 방해하는 학생은 경고를 받으며, 3번 받을 시 스티커 활동 기회를 박탈당합니다.

② 감상활동 시 규칙을 아래와 같이 공지합니다.

　※ 이곳은 갤러리입니다. 남의 작품을 만지지 않습니다.

　※ 이곳은 갤러리입니다. 조용히 감상합니다.

🐧 이종대왕 TIP

학기 초에 필수적으로 세워야 할 모둠 활동 규칙

　모둠 대표를 선정하거나 모둠 의견을 모으는 일은 수업 중 빈번하게 발생합니다. 따라서 반드시 학기 초에 바람직한 의견 모으기 규칙을 세우고 반복 훈련을 통해 일상화시켜야 합니다. 그렇지 않으면 아이들은 가위바위보나 한 명에게 미루기 작전 등으로 적합하지 않은 대표를 선출하고 부적절한 의견을 모으기 때문입니다. 또한 서로 미루고 의견을 무시하다가 트러블이 생기기도 합니다. 학기 초 훈련해야 할 모둠 의견 모으기 규칙은 아래와 같습니다.

1. 한 명씩 돌아가며 차례대로 의견 이야기하기

    (이때 나머지 학생들은 듣기만 하며 반박하지 않기)

2. 궁금한 점 질문하거나 반박하기

3. 거수로 다수결 투표

월드갤러리활동에 위 규칙을 적용하여 모둠장을 뽑을 때 추천인과 그 이유를 돌아가며 모두 이야기한 뒤 거수로 최종 결정합니다.

예상되는 문제 행동들은 미리 공지하여 예방하기

모둠 활동을 할 때 장난을 치거나 친구의 의견을 무시하고 조롱하는 행위, 무임승차 등의 문제는 언제든지 발생할 수 있습니다. 잘 모르거나 무의식중에 문제 행동을 하는 경우가 많으므로 문제가 발생한 뒤 사후 지도하는 것보다 사전에 예상되는 문제를 미리 공지해 주는 것이 더 효과적입니다. 따라서 사전에 문제 상황들을 자세하게 나열하고 수업 방해 시 경고 부여함을 공지하는 것이 좋습니다.

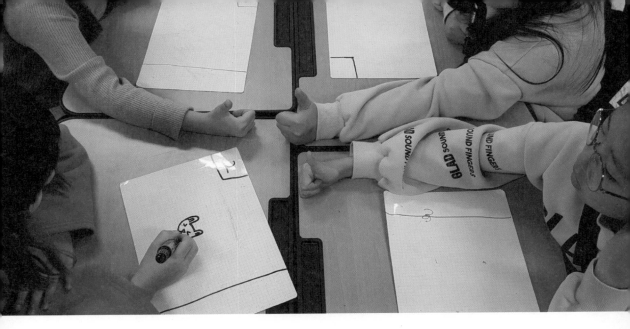

그림 끝말잇기 (2종)

질리지도 않니?

어휘력과 표현력을 동시에 기를 수 있는 활동입니다. 끝말잇기를 하며 계속 단어를 생각해 내고 이를 그림으로 표현해야 합니다. 단순히 그림을 그리는 것이 아니라 상대방을 이해시켜야 하기 때문에 특징을 잘 살리는 데 초점을 두고 그림을 그리게 됩니다.

학습뿐 아니라 놀이 자체가 워낙 재미있어 아이들이 진정 몰입하고 즐기며 활동합니다.

이렇게 활용하세요!

• 미술
• 창체

■ 준비물 : 보드판, 보드마카
■ 소요시간 : 1시간
■ 대형 : 모둠
■ 활동 형태 : 모둠
■ 교사 개입 : 5%

그림 끝말잇기

<활동영상 보러가기>

준비 ~

① 모둠 대형으로 자리를 바꾸고 모둠 내에서 1~4번 순서를 정한다.

② 각자 보드판과 보드마카, 지우개를 준비한다. 보드판은 모둠당 한 개만 있어도 된다.

③ 보드판의 왼쪽 귀퉁이에 네모를 한 개 그리고, 오른쪽 편에는 세로선을 긋는다.

　(왼쪽 귀퉁이는 글자 수를 적는 구역이며, 오른쪽 세로 구역은 마이너스 점수를 체크하는 구역)

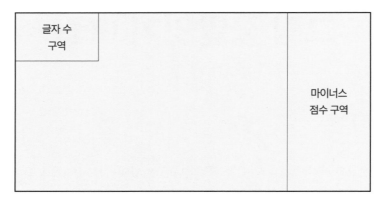

<보드판에 '글자 수 구역'과 '마이너스 점수 구역'을 그린 모습>

시작 ~ !

① 모둠의 1번 학생부터 그림을 그린다. 이때 그릴 단어의 글자 수를 '글자 수 구역'에 숫자로 표시한 뒤 그림을 그린다.

<글자 수를 적고 그림을 그리는 장면>

② 나머지는 그림을 보고 이해했으면 엄지를 들고, 이해하지 못했으면 엄지를 내린다.

<엄지로 이해 여부를 표현하는 장면>

③ 모둠원의 과반수가 엄지를 들면 다음 학생이 끝말잇기로 그림을 이어 그린다.

예) 앞의 학생이 '택시'를 그렸다면 다음 학생은 '시소'와 같이 '시'로 시작하는 단어를 그림

④ 만약 과반수가 엄지를 내리면 다시 한 번 그림으로 표현할 기회를 가진다.

⑤ 두 번의 기회 모두 과반수가 엄지를 내렸다면 마이너스 점수 구역에 동그라미 하나를 그리고 다음 번호가 처음부터 다시 그림을 그린다.

<'마이너스 점수 구역'에 동그라미를 그린 모습>

⑦ 름을 음으로 고치거나 릴을 일, 끼를 기로 고치는 등의 문법규칙을 허용한다.

⑧ 주어진 시간이 끝났을 때 마이너스 점수 칸에 동그라미 개수가 가장 적은 학생이 최종 우승한다.

주의 !

① 시작하는 단어는 쉽게 끝말잇기가 가능한 단어로 선정합니다.

    예) 모기, 잠자리 등은 끝말잇기가 쉬우나 구름, 산기슭 등은 그림으로 끝말잇기가 어려움

② 자신의 차례가 되돌아오기 전까지 그렸던 그림은 지우지 않습니다. 아직 이해를 하지 못한 학생은 계속해서 이전의 그림들을 보며 단어를 생각해야 하기 때문입니다.

시작 ~ !

① 시작하는 학생은 손으로 네모를 그린다. 이는 시작 신호이며 이때부터 아무도 말할 수 없다.

② 손가락으로 글자 수를 알려준 뒤 몸으로 단어를 한 개 표현한다.

③ 나머지 학생들은 이해했으면 엄지를 들고 이해하지 못했으면 엄지를 내린다.

④ 모둠원의 과반수가 엄지를 들면 다음 학생이 끝말잇기로 단어를 몸으로 설명한다.

　　예) 앞의 학생이 '오징어'를 몸으로 설명했다면 다음 학생은 '어부'와 같이 '어'로 시작하는 단어를 몸으로 표현
　　해야 함

⑤ 만약 과반수가 엄지를 내리면 다시 한 번 몸으로 표현할 수 있는 기회를 가진다.

⑥ 두 번의 기회 모두 과반수가 엄지를 내렸다면 -1점을 얻고 어떤 단어였는지를 말로 설명한 뒤
다음 학생이 손으로 네모를 그리고 처음부터 다시 시작한다.

끝말잇기

　학생들은 처음에 그림 끝말잇기나 무언의 끝말잇기를 어렵게 생각합니다. 한 바퀴도
제대로 돌지 못하고 마이너스 점수 구역에 동그라미만 쌓입니다. 이때 선생님께서는 '끝
말잇기'라는 점을 계속 강조해주세요. 끝말잇기이기 때문에 직전 단어의 끝말로 시작하는
단어를 표현하고 있다는 점을 인지시키면 좀 더 원활하게 진행이 됩니다. 의외로 학생들
은 끝말잇기라 생각하지 않고 그냥 그림이나 동작만 보고 정답을 생각하기 때문입니다.
방금 '어'로 끝났다면 '어'로 시작하는 단어가 무엇이 있는지부터 떠올리게 합니다. 대부분
생각하는 단어의 범위가 비슷하기 때문에 답을 보다 쉽게 찾을 수 있습니다.

선생님부터 시작

끝말잇기는 첫 단어가 중요합니다. 첫 단어부터 끝말을 잇기 어려운 단어를 표현하거나 생각하는 데 오래 걸리는 학생들 때문에 활동이 지루해집니다. 따라서 선생님이 첫 단어를 칠판에 그리거나 몸으로 설명하고 시작하는 것이 좋습니다. 선생님이 끝말을 잇기 쉬운 단어 한 개를 정해서 표현해주세요.

PART 04

정적 NO!
즐거운
수업시간을
만드는 수업놀이

REVIEW

"

선생님! 방금 6학년 반 애들이랑 음악 시간에 했는데 저도 눈물 흘려가며 웃었어요 ㅠㅠ
ㅋㅋㅋ 너무 재미있었습니다. 좋은 아이디어 공유 감사해요~!

우리 반 친구들이 정말 소곤소곤하게 얘기하는 것 처음입니다. 너무 즐겁게 잘 사용했습니다.

5학년인 저희 반에서도 하고 6학년 보결가서도 했는데 둘 다 반응 정~~말 좋았습니다!
선생님 너무 재미있다고 다음 시간에도 하자고 난리였어요. ㅎㅎ 정말 감사합니다!

다른 모둠에 들리지 않게 알아서들 조용히 하면서도 너무나 열심히 즐겁게 하더군요.
계속 하자고 해서 두 시간을 연속으로 했습니다. ㅎㅎ 좋은 아이디어 감사합니다.

학생들이 정말 즐거워해요! 끝나고 저한테 와서 재밌었다고 말하더라고요.
감사합니다. 선생님!

- 'PART 04의 수업놀이'에 대한 교사 커뮤니티 댓글 후기 중

"

 골든벨 올림픽

골든벨이야 ? 교실놀이야 ?

처음으로 교사의 개입 정도가 높은 유형을 소개합니다. 보통 학생 주도적인 활동을 선호하지만 이번 활동을 소개하는 이유는 제가 했던 학부모 공개수업의 절반 이상은 이 활동을 했기 때문입니다. 학부모님들의 반응은 항상 폭발적이었으며 동학년 선생님들도 제 자료로 만족스러운 공개수업을 하셨습니다. 흔히 쓰는 골든벨에 교실올림픽을 융합하여 퀴즈도 풀고 교실놀이도 할 수 있는 일석이조 놀이입니다.

이렇게 활용하세요!

- 수업 30~40분 전개활동
- 국어, 수학, 사회, 과학 : 단원정리활동

- 준비물 : 골든벨 올림픽 PPT
- 소요시간 : 30~40분
- 대형 : 전체
- 활동 형태 : 모둠
- 교사 개입 : 60%

＜활동영상 보러가기＞

준비 ~

① 골든벨 올림픽 PPT를 준비한다('이종대왕 블로그'에서 다운로드하여 문제 수정).

② 칠판에 모둠 번호를 적는다.

③ 모둠 내에서 문제 해결 순서를 정한다.

④ 모두 공책과 연필을 꺼내놓는다.

⑤ 또래선생님 한 명을 지정하여 칠판 앞에 앉힌다. 또래선생님은 모둠 점수를 칠판에 체크하는
   역할이다. 또래선생님은 칠판 앞에 앉을 뿐 다른 학생들과 함께 참여할 수 있다.

시작 ~ !

① 시작하면 1모둠의 1번부터 문제를 고른다.

  예) 빨간색 1번, 파란색 5번과 같이 색깔과 번호를 말함

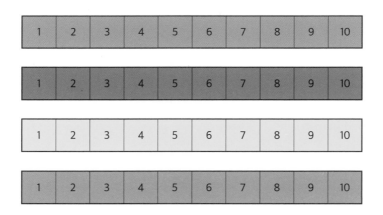

<골든벨 올림픽 PPT 문제 선택 화면>

② 문제를 제시한 뒤 10초 동안 1모둠의 1번뿐 아니라 모든 학생이 공책에 답을 적는다.

<골든벨 올림픽 PPT 문제 화면>

③ 10초가 지나면 1모둠의 1번이 답을 말한다.

④ 만약 모르거나 틀릴 경우 1모둠의 2번까지 기회가 돌아간다. 이때 2번 학생의 공책에 답이 적혀 있어야 인정된다. 답을 알고 있어도 공책에 적혀 있지 않으면 2모둠의 1번에게 기회가 간다. 역시 공책에 답이 적혀 있어야 인정된다.

⑤ 답이 나오면 문제의 점수를 확인하고 또래선생님이 칠판에 점수를 동그라미로 그린다.

<골든벨 올림픽 PPT 정답 및 점수 화면>

⑥ 다음은 2모둠의 1번이 문제를 고른다. 만약 1모둠의 1~2번이 문제를 해결하지 못해 2모둠의 1번이 정답을 맞힌 경우도 2모둠의 1번이 다음 문제를 고른다. 문제를 고르는 순서는 무조건 차례대로 한다.

⑦ 6모둠의 1번까지 차례대로 문제를 고르면 다시 1모둠의 2번이 문제를 고른다. 반 인원수만큼 문제가 준비되어 있다면 모두 한 번씩 문제를 고를 수 있다.

⑧ 다음은 PPT에 나오는 점수와 아이템에 대한 설명이다.

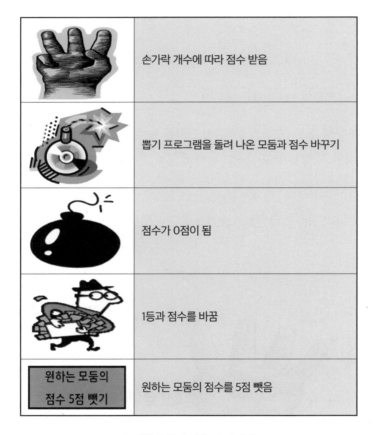

<골든벨 올림픽 점수 및 아이템>

⑨ 골든벨 올림픽에서는 중간 미션이 있다. 이때 문제를 고른 모둠부터 미션을 수행하고, 실패할

경우 다음 모둠에게 기회가 돌아가며, 성공하면 가장 좋은 아이템이 나온다.

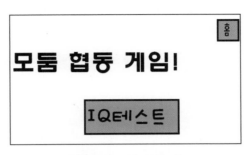

<골든벨 올림픽 PPT 미션 화면>

실내화농구	종이상자나 우유상자, 바구니 등을 바닥에 놓고 열 걸음 떨어진 상태에서 실내화를 발로 날려 골인시키는 놀이다. 이 미션은 4명 중 3명이 성공해야 통과.
3.6.9	3.6.9를 40까지 성공하면 통과. 실패하면 바로 옆 모둠으로 기회가 넘어가며 빠른 시간 내에 말하지 않으면 단호하게 '땡!'을 하는 것이 진행의 묘다. 학부모 공개수업 시 학부모 한 분을 모든 모둠에 포함시켜 하면 더욱 즐겁다.
초성퀴즈	칠판에 초성(ㄴ, ㅁ)을 적고 바로 모둠의 1번부터 지목해서 4명까지 차례대로 초성에 해당하는 단어를 말해야 한다. 역시 3.6.9처럼 빨리 말하지 않으면 단호하게 '땡!'을 하는 것이 진행의 묘이며 학부모를 포함시킨다.
이심전심	선생님이 제시어를 주고 모둠원이 똑같은 단어를 적어야 성공한다. 예를 들어 선생님이 '생일하면 떠오르는 것은?'에 모두 같은 답을 적으면 성공한다. 학부모 한 분을 포함하여 진행하면 정말 재미있는 상황이 많이 발생한다.
IQ테스트	모든 모둠에서 한 명씩 대표를 선발해서 앞으로 나온다. IQ테스트라고 했기 때문에 어려운 문제가 출제될 것이라 생각하지만 사실은 컴퓨터의 숫자 자판을 3번 머리로 '콩, 콩, 콩' 눌러 나온 숫자가 IQ가 된다. 깜짝 놀랄만한 반전에 아이도 어른도 박장대소하는 활동이며, 모두가 숫자를 확인할 수 있도록 한글 문서의 글자 크기를 최대한 크게 한 후 TV 화면에 띄워 둔다. IQ가 백만이 넘기도 하고 1 또는 0이 나온 학생이 나오는 등 지켜보는 것만으로도 웃음이 절로 나오는 활동이다.
힘테스트	모든 모둠에서 한 명씩 대표를 선발해서 앞으로 나온다. 힘테스트라고 했기 때문에 힘이 센 학생들이 나오지만 사실 풍선을 멀리 던지는 게임이다. 각자 풍선을 불고 묶지 않은 상태에서 선생님의 신호에 따라 한 명씩 풍선을 날린다. 아무리 세게 날려도 풍선은 제자리로 돌아오기도 하고 약하게 날렸는데 멀리 날아가기도 하는 등 보는 이들의 환호성이 터져 나오는 활동이다.

<골든벨 올림픽 미션의 종류>

주의 !

① 미리 아이템에 대해 충분히 설명합니다. 특히 폭탄 아이템이 나왔을 때 종종 놀라거나 실망하는 학생들이 있습니다. 골든벨 올림픽은 특수 아이템들과 미션으로 인해 언제든지 꼴등이 1등이 되고 1등이 꼴등이 되는 등 순위가 쉽게 뒤바뀌기 때문에 점수에 너무 연연하지 않도록 교육합니다.

🐧 이종대왕 TIP

모든 문제를 함께 해결하는 골든벨

기존 골든벨은 한 명이나 한 모둠이 문제를 고르고 답을 맞히는 형식입니다. 자연스럽게 다른 학생이나 모둠은 문제를 풀지 않아도 상관없습니다. 이렇듯 1시간 동안 학생 한 명당 해결할 수 있는 문제가 몇 개 되지 않는 비효율적인 방식이며, 다른 학생이 문제를 해결할 때 틈이 생기기 때문에 떠들거나 장난치기 마련입니다. 골든벨 올림픽은 문제를 해결하는 학생이 틀릴 경우 다른 학생들에게 계속 기회가 돌아가기 때문에 모든 문제를 끊임없이 해결하고 공책에 적어야 합니다. 또한 특수 아이템과 교실놀이가 언제 나올지 모르기 때문에 항상 긴장되는 마음과 설레는 마음으로 골든벨 올림픽을 하게 됩니다.

학부모와 함께하는 공개수업

3.6.9나 이심전심퀴즈, 초성퀴즈 등이 나왔을 때 그 모둠의 학부모 한 분을 모셔와 같이 진행합니다. 특히 이심전심퀴즈는 꼭 학부모 한 분을 각 모둠에 포함시키세요. 그리고 마지막에 학부모의 답을 공개하세요. 학생들은 대부분 생일하면 '선물'을 적습니다. 어른들은 생일하면 '케이크'를 적습니다. 마지막 반전에 환호와 탄식이 나오고 모두 박장대소하며 웃을 수 있습니다. 학생들도 부모님과 함께하여 즐겁고 학부모 또한 오랜만에 놀이를 하며 행복합니다. 긴장만 되었던 학부모 공개수업이 가족과 같은 분위기로 전환되며 교사도 마음을 놓고 함께 웃고 즐깁니다.

사랑합니다! 왜요? (응용버전 4가지 포함)

카멜레온 같은 놀이!

새 학기 첫 주에 어색한 분위기를 깨거나 개학 직후 방학 때 경험한 일들을 말하는 활동으로도 좋습니다. 도덕이나 국어에서 경험한 생각이나 감정을 표현하기에도 적합하며 여러 교과의 학습 주제에도 손쉽게 응용할 수 있습니다. 교실놀이뿐 아니라 학습놀이로도 다양하게 응용 가능한 카멜레온 같은 놀이를 지금부터 만나보시죠!

이렇게 활용하세요!

- 새 학기 친교활동 및 개학 후 적응활동
- 창체
- 국어 : 경험 말하기, 분류하기 등
- 사회 : 3학년 우리 고장, 4학년 우리 지역, 5학년 우리나라 등
- 과학 : 동물의 분류, 식물의 분류 등
- 도덕 : 감정 말하기, 공감하기 등

- 준비물 : 없음
- 소요시간 : 20분
- 대형 : 원형
- 활동 형태 : 단체
- 교사 개입 : 20%

〈활동영상 보러가기〉

62 사랑합니다! 왜요?

준비 ~

① 책상은 벽으로 밀고 의자만 원 대형으로 만든다.

② 최초 술래를 정하고 의자 하나를 뺀다. 즉, 의자의 개수는 반 전체 인원수 -1이다.

③ 술래는 가운데 서 있는다.

시작 ~ !

① 시작하면 술래는 가운데 서서 "사랑합니다!"를 외친다.

② 나머지는 "왜요?"라고 외친다.

③ 술래는 우리 반 학생들을 분류할 수 있는 기준을 한 개 이야기한다.

눈에 보이는 특징	흰 옷을 입어서, 안경을 써서, 염색을 안 해서, 파마를 해서 등
경험	비행기를 타 봐서, 부산에 가 봐서, 피아노를 배워서, 태권도를 배워서 등
감정	배고파서, 놀이를 해서 기뻐서, 학원 가야 돼서 슬퍼서 등
당연한 기준	남자니까, 사람이니까, 지구에 사니까, 지금 교실에 있으니까 등

<'사랑합니다! 왜요?' 질문 예시>

④ 기준에 해당되는 학생들은 모두 일어서서 자리를 바꾼다.

⑤ 의자에 앉지 못한 다음 학생이 술래가 된다.

⑥ ① ~ ⑤를 반복한다.

⑦ 3번 술래에 걸릴 경우 장기자랑 벌칙을 한다.

주의 !

① 활동 전에 발표를 통해 다양한 분류기준을 떠올리도록 합니다.

② 중복된 분류기준은 말할 수 없습니다. 따라서 학생들에게 반대로 질문하는 법을 가르쳐줍니다.
  예) '안경을 썼으니까'라는 기준을 반대로 생각하면 '안경을 쓰지 않았으니까'

③ 술래는 가운데 서서 10초 안에 분류기준을 이야기해야 합니다. 10초 안에 말하지 못하면 자동으로 한 번 걸린 것으로 간주합니다.

④ 한 칸 옆으로 이동하는 것은 금지입니다. 최소 두 칸 이상 떨어진 의자로 이동해야 합니다.

⑤ 친구를 기분 나쁘게 하거나 상대적인 기준에 대해서는 미리 교육을 합니다.
  예) 상처 주는 질문 : '못생겼으니까', '키가 작으니까' 등
   상대적인 기준 : '머리가 기니까', '얼굴이 하야니까' 등

<활동영상 보러가기>

구 분		구호	왜요?
새 학기		반갑습니다.	안경을 써서, 염색을 해서, 오늘 밥을 먹어서, 작년 5반이어서
방학 후		즐거웠습니다.	방학 때 캠핑을 해서, 방학 때 워터파크를 가서
도덕 감정 공감하기		(감정 PPT를 화면에 띄우고) 행복합니다. 싫증납니다. 피곤합니다.	놀이를 해서, 학원을 가야 돼서
교과	사회 우리 고장, 지역, 나라	우리 동두천을 사랑합니다. 우리 경기도를 사랑합니다.	동두천에 소요산이 있으니까, 경기도에 수원화성이 있으니까
	과학 동물, 식물의 분류	(각자 동물을 한 마리씩 정하고 시작) 동물을 사랑합니다.	날 수 있으니까, 뿔이 있으니까

<'사랑합니다! 왜요?' 응용 버전 구호 및 대답 방법>

기쁨	불안	당당함	지루
행복	분노	용기	그리움
폭소	슬픔	억울	당황
반가움	아쉬움	고민	외로움
설레임	짜증	만족	우울

<감정 PPT 화면>

모두가 즐기는 벌칙

벌칙은 학생들이 더욱 열심히 활동에 참여하고 긴장감을 조성해주는 윤활유가 되어줍니다. 하지만 무턱대고 '벌칙해라', '장기자랑해라'라고 한다면 부담스러울 수밖에 없으며 어색한 분위기가 연출될 수 있습니다.

학기 초 창체시간에 장기자랑을 정하고 연습합니다. 코끼리 코 10바퀴 돌고 한 발로 균형 잡기, 머리로 이름 쓰기, 요즘 유행하는 간단한 춤 등으로 몇 가지 정하고 연습합니다. 그 후 장기자랑들을 쪽지에 적은 후 바구니에 넣어 두었다가 벌칙시간에 활용합니다. 또한 혼자 장기자랑하는 것이 부담스러운 학생들은 "도와줘!"를 외치면 나서기 좋아하는 학생들이 함께 장기자랑을 해도 됩니다.

서투른 교사는 나를 따르지 않는 한두 명에 집중하고, 훌륭한 교사는 나를 따르는 여러 명에 집중한다

술래가 되기 위해 일부러 의자에 앉지 않고 빙빙 도는 아이들이 있습니다. 저학년으로 갈수록 심해집니다. 이때 저는 두 가지 방법을 활용합니다.

첫째는 놀이에 대한 권위를 활용합니다. "선생님은 이 놀이를 수백 번도 더 학생들과 해 봤습니다. 그리고 일부러 술래가 되고 싶어 양심을 어기는 학생들을 많이 봤습니다. 선생님은 딱 보면 누가 양심을 어기는지 알기 때문에 바로 경고를 줄 것이며, 경고 3번을 받은 학생은 5분간 생각의 공간으로 가야 합니다. 5분 동안 양심을 어기면 왜 안 되는지에 대해 생각해야 합니다."

둘째는 단호한 규칙을 적용합니다. 술래에 3번 걸리면 5분간 퇴장하는 규칙입니다. 축구에서 옐로우카드, 레드카드가 있듯이 자연스럽게 술래에 3번 걸린 학생은 5분간 퇴장당합니다.

몇몇 양심을 어기고 반칙하는 학생들로 인해 대다수의 선량한 학생들이 피해를 봅니다. 선생님이 말하지 않아도 규칙을 잘 지키며 술래를 못 해도 참고 기다리는 배려심 많은 학생이 많습니다. 선생님을 따르는 여러 아이들을 위해 단호하게 규칙을 적용해주세요.

학기 초 놀이 세트

학기 초 원 대형에서 할 수 있는 놀이를 소개합니다.

<활동영상 보러가기>

■ 손님 모셔오기

① 의자만 원 대형으로 만든다.

② 의자 한 개를 더 놓는다. 즉, 의자의 개수는 학생 수 +1이다.

③ 모두 자리에 앉은 상태에서 빈자리의 양쪽에 있는 학생들이 한 손으로 손을 잡고 다른 친구 한 명을 데려와 의자에 앉힌다.

<빈자리의 양쪽 학생들이 한 명을 모셔오는 장면>

④ 새롭게 생긴 빈자리 양 옆에 있는 아이들이 다시 누군가를 모셔온다.

⑤ 배경음악과 함께 시작하고, 음악이 끝났을 때 빈자리 양옆의 학생들이 벌칙을 수행한다.

■ 스피드 전기놀이

① 의자만 원 대형으로 만든다.

② 의자에서 모두 일어선다.

③ 두 팀으로 나누고 팀끼리 손을 잡는다.

④ 시작 신호와 함께 양 팀의 맨 앞 사람부터 옆 사람 손에 힘을 줘서 전기를 전달한다.

⑤ 차례대로 전기를 받으면 다음 친구에게 전기를 전달한다.

⑥ 양 팀의 마지막에 전기를 받은 학생은 재빨리 옆에 있는 풀을 집는다.

⑦ 먼저 풀을 집은 팀이 승리한다.

⑧ 양 팀의 마지막에 있던 학생이 처음 시작 지점으로 이동하여 다시 시작한다.

<스피드 전기놀이 활동 장면>

국가의 탄생 (2종)

모두가 승리하는 놀이 !

각기 다른 개인으로 시작하여 점점 뭉치고 뭉쳐 결국 하나가 되는 놀이입니다.

놀이를 하면서 종종 지기도 하지만 영원한 패자는 없습니다.

지고 이기고를 반복하다 마침내 모두 승리하는 국가의 탄생!

역사영역에서 '원시인 - 부족 - 연맹 - 국가'가 되는 과정을 즐거운 교실놀이로 체험해보세요.

이렇게 활용하세요!

- 사회 역사영역의 고조선
- 학기 초 친교 활동
- 창체, 도덕의 인성영역

- ■ 준비물 : 없음
- ■ 소요시간 : 10~20분
- ■ 대형 : 전체
- ■ 활동 형태 : 개인 + 모둠
- ■ 교사 개입 : 10%

64 국가의 탄생 I

<활동영상 보러가기>

준비 ~

① 특별히 정해진 책상 대형은 없으나 의자는 반드시 책상 안에 넣고 시작한다.

시작 ~ !

① 모두 개인(원시인)으로 돌아다닌다.

② 다른 원시인을 만나 3판 2선승제로 가위바위보를 한다.

③ 진 학생은 이긴 학생 뒤로 가서 어깨를 잡고 둘이 함께 이동한다.

④ 다른 2명인 팀을 만나 앞사람이 역시 3판 2선승제로 가위바위보를 한다.

⑤ 진 팀은 이긴 팀 뒤로 붙어 4명이 함께 이동하게 된다.

⑥ 학급 인원수에 따라 처음에 가위바위보를 하지 못하고 남는 학생이 있다. 이 경우는 2:1로
   가위바위보를 하되 1명은 2명을 모두 이겨야 승리할 수 있다. 누가 이기든 이 팀은 3명이 되고
   나머지 2명인 팀과 승부하여 5명이 된다.

⑦ 4명 또는 5명을 이룬 팀은 부족이 되며 부족 구호와 동작을 정한다.

⑧ 모든 부족이 구호와 동작을 정하면 부족 전쟁이 시작된다.

⑨ 각 부족은 다른 부족을 만나 서바이벌 가위바위보를 한다.

   ※ 서바이벌 가위바위보 : 서로 마주 보고 일렬로 선 상태에서 각 부족의 맨 끝의 학생들끼리 가위바위보를
      하고 이긴 학생은 그다음 학생과 대결, 지면 탈락하고 이기면 계속 승부하는 식으로 먼저 4명이 모두 진
      팀이 패배

<서바이벌 가위바위보 장면>

⑩ 진 부족은 이긴 부족에 소속되며 구호와 동작을 전수받는다.

⑪ 서바이벌 가위바위보를 통해 8~10명이 되면 연맹이 된다.

⑫ 3연맹으로 나눠지면 연맹 전쟁이 시작된다.

⑬ 연맹 전쟁은 각자 연맹의 구호와 동작을 하며 1:1로 다른 연맹을 만난다.

⑭ 다른 연맹원과 만나 가위바위보(단판승부)를 하고 진 학생은 이긴 학생의 연맹이 된다.

⑮ 하나의 연맹으로 통일되면 국가가 탄생한다.

주의 !

① 아이들의 목소리가 굉장히 커집니다. 옆 반에 양해를 구하거나 각 반이 동시간에 실시하도록
합니다. 또는 구호는 생략하고 동작으로만 진행합니다

<활동영상 보러가기>

(준비과정은 같으나 방식이 다소 상이하다.)

시작 ~ !

① 모두 개인(원시인)으로 돌아다닌다.

② 다른 원시인을 만나 가위바위보(단판승부)를 한다.

③ 진 학생은 이긴 학생 뒤로 가서 어깨를 잡고 둘이 함께 이동한다.

④ 다른 2명인 팀을 만나 앞사람이 역시 가위바위보(단판승부)를 한다.

⑤ 이번에는 진 팀 모두 이긴 팀의 뒤로 가는 것이 아니라 진 팀의 가장 꼬리에 있는 학생 한 명만
   이긴 팀의 뒤로 간다.

　　예) 2:2로 승부했다면 승부 후 이긴 팀은 3명이 되고 진 팀은 1명이 됨

⑥ 먼저 4명이 된 팀은 부족이 되며 맨 앞의 학생(부족장)에게 만세 삼창을 한다.

　　예) "이종혁 만세! 이종혁 만세! 이종혁 만세!"

<부족장에게 3명이 만세하는 모습>

⑦ 4명이 된 팀은 모두 어깨동무를 하고 맨 앞의 학생(부족장)의 이름을 외치며 돌아다니다가 다른 4명의 부족이 출현하면 서바이벌 가위바위보를 한다.

<부족이 되어 어깨동무하며 돌아다니는 장면>

⑧ 서바이벌 가위바위보의 승패가 결정되면 8명은 연맹이 되며, 부족장의 이름을 외치며 각자 돌아다닌다.

⑨ 연맹끼리 대결이 시작될 때 아직도 부족이 되지 못하고 3명 이하로 돌아다니는 학생들이 있다면 골고루 각 연맹에 편입시킨다.

⑩ 다른 연맹이 출현하면 1:1로 가위바위보(단판승부)를 하고 진 학생은 이긴 학생의 연맹이 된다.

⑪ 하나의 연맹으로 통일되면 국가가 탄생한다.

구분	공통점	차이점	
		국가의 탄생 I	국가의 탄생 II
원시인		3전 2선승제이며 진 팀의 모든 학생이 이긴 팀의 뒤에 붙는다.	단판승제이며 진 팀의 가장 꼬리의 학생만 이긴 팀의 뒤에 붙는다.
		4~5명이 되면 부족이 된다.	4명이 되면 왕에게 만세를 외친다.
부족	부족끼리 서바이벌 가위바위보 대결하여 연맹 결정	부족의 구호와 동작을 정하고 각자 돌아다님	왕의 이름을 각자 외치며 돌아다님
연맹	다른 연맹원과 1:1 가위바위보 대결		

🐧 이중대왕 TIP

건국신화쓰기 활동

모든 부족을 통일하여 나라가 되면 건국신화쓰기 활동을 합니다. 통일을 시킨 왕, 부족일 때부터 함께 했던 개국공신들, 그리고 마지막까지 경쟁했던 다른 연맹을 소재로 하여 단군신화처럼 이야기를 쓰며 활동을 마무리합니다.

학기 초 친교 활동으로 최고

몰랐던 친구들의 이름을 외치며 자연스럽게 이름 외우기 활동이 됩니다. 친구들의 열띤 응원을 받기 때문에 학기 초부터 환영받는 기분도 듭니다. 놀이 한 판당 10분도 채 걸리지 않기 때문에 여러 번 하면서 거의 모든 학생들이 친구들의 응원을 받게 됩니다.

역사 교실놀이 (2종)

제한적으로 사용 가능하지만 …

역사 교실놀이 2종은 역사를 학습할 때만 한정적으로 활용이 가능합니다.

그럼에도 불구하고 소개하는 이유는 딱 하나! 학생들이 너무나 열광하는 놀이이기 때문입니다.

사회시간에 당당하게 교실놀이를 해볼까요?

이렇게 활용하세요!

• 사회 : 역사

- 준비물
  ▶ 삼국교실피구 - 피구공
  ▶ 교실대첩 - 역할카드
- 소요시간 : 20분
- 대형 : 특정
- 활동 형태 : 팀전
- 교사 개입 : 20%

<활동영상 보러가기>

준비 ~

① 아래 그림과 같이 세 팀으로 책상 대형을 만든다.

	백제	
신라		고구려
	칠판	

<삼국교실피구 대형 모습>

<삼국교실피구 대형 실제 모습>

② 각 팀의 왕을 뽑기 프로그램으로 선정한다.

③ 복도 쪽 창문은 반드시 우드락으로 가려 보호하고, 교실 위에 올려진 물건들은 밑으로 내려놓

는다. 책상 위도 모두 정리한다.

<창문을 우드락으로 보호하는 모습>

<올려진 물건들을 내려놓는 모습>

시작 ~ !

① 먼저 건국한 신라부터 공을 가진다.

② 모두 앉은 상태에서 진행되며 다른 팀을 향해 공을 던진다.

③ 공에 맞은 학생은 자신의 팀 옆에 줄을 선다.

④ 자기 팀 학생이 공을 잡으면 아웃된 순으로 다시 부활한다.

⑤ 공이 각 팀 사이나 한가운데 떨어진 경우 아웃된 학생들이 주울 수 있다.

⑥ 각 팀의 왕은 공에 맞아도 아웃되지 않는다. 따라서 손을 뻗어 자기 팀을 보호할 수 있다. 다만, 왕은 공을 던질 수 없으며 공을 잡으면 자기 팀 학생에게 전달한다.

⑦ 게임 도중에 선생님은 4, 5, 6으로 설정된 뽑기 프로그램을 작동시킨다('이종대왕 블로그'의 뽑기 프로그램 중 대포번호뽑기 활용).

⑧ 4가 나오면 4세기가 전성기인 백제, 5가 나오면 5세기가 전성기인 고구려, 6이 나오면 6세기가 전성기인 신라 팀이 모두 일어서서 경기를 할 수 있다. 전성기는 2분 정도로 진행되며 시간이 지나면 자리에 앉고 다른 국가의 전성기를 뽑는다.

⑨ 왕을 제외한 모든 팀원이 아웃되면 왕도 능력을 잃고 공에 맞는 순간 아웃된다.

⑩ 왕까지 모두 전멸된 팀이 나오면 가장 많은 학생이 남은 팀이 삼국통일을 한다.

주의 !

① 동맹을 맺는 것은 반칙입니다.

② 공을 던지거나 잡을 때 의자에서 엉덩이를 떼면 반칙입니다. 앉아서만 진행하며 전성기인 팀만 일어서서 공을 던질 수 있습니다. 다만, 일어서서 움직이지 않고 제자리에서 던집니다.

③ 부활할 시 본래 자신의 자리가 아닌 자기 팀의 다른 빈자리에 앉아도 됩니다.

67 교실대첩

<활동영상 보러가기>

시작 ~ !

① 두 팀으로 나누고 각 팀당 역할카드를 1세트씩 배부한다(역할카드는 '이종대왕 블로그'에서 다운).

<포졸들과 사또, 장군, 암행어사, 논개, 왕, 여왕이 1세트로 구성>

② 각자 랜덤으로 카드를 한 장씩 받는다.

③ 시작하면 눈치를 살피다 상대 팀을 터치하고 가위바위보를 한다.

④ 가위바위보에서 이긴 학생은 카드 대결 여부를 결정한다.

⑤ 만약 카드 대결을 한다면 서로 가진 카드를 보여주고 승자를 정한다(각 카드에는 계급과 함께 누구를 이길 수 있는지 상세하게 적혀 있음).

〈마음 약한 장군〉
승- LV 4~8, 사또 , 암행어사

〈마음 약한 장군의 경우 포졸 LV 4~8, 사또, 암행어사를 이길 수 있음〉

⑥ 가위바위보에서 이겼지만 카드 대결을 원하지 않으면 서로 헤어진다. 그리고 다시 만날 수 없다.

⑦ 카드 대결에서 이긴 학생은 다른 친구를 만나러 가고, 진 학생은 감옥으로 가서 팔벌려 뛰기 10회를 한 뒤 다른 친구와 계속 대결을 한다. 팔벌려 뛰기를 하는 감옥은 칠판 앞으로 정한다.

〈카드 대결에서 진 학생들이 감옥에서 팔벌려 뛰기를 하는 모습〉

⑧ 각 팀에는 왕과 여왕이 한 명씩 있다. 왕과 여왕이 아웃될 시 칠판에 적힌 자기 팀 밑에 ✕를 표시한 후 팔벌려 뛰기를 하고 다시 놀이에 복귀한다.

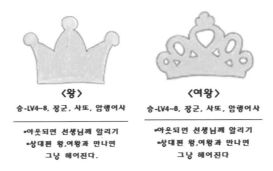

<왕과 여왕 카드>

<왕이나 여왕이 아웃될 경우 칠판에 ✕를 표시한 모습>

⑨ 먼저 왕과 여왕 모두 ✕가 그려진 팀이 패배하고 반대팀이 승리한다.

<B 팀이 승리한 모습>

주의 !

① 같은 레벨끼리 만났을 경우 그냥 헤어집니다. 왕과 여왕도 같은 레벨로 만나면 헤어집니다.

② 자신이 본 다른 팀의 카드를 자기 팀에 발설하면 반칙입니다. 암행어사를 제외하곤 어떤 계급
도 상대의 계급을 자기 팀에 말해줄 수 없습니다. 가장 중요한 규칙으로 단호하게 경고를
줍니다.

③ 학생 인원에 따라 포졸의 수를 늘리거나 줄이는 식으로 조정할 수 있습니다.

④ 각 계급의 특징을 학생들에게 일일이 설명할 필요가 없습니다. 3학년 학생들도 카드를 받자
마자 이해하고 놀이를 했습니다.

 **이종대왕 TIP**

초능력 삼국피구

삼국피구에서 각 나라의 전성기 때 일어서서 공을 던지는 대신 초능력을 쓸 수 있습니
다. 초능력은 각 팀의 전략회의를 통해 직접 정한 뒤 선생님의 승인을 받아야 합니다.
아래는 저희 반 아이들이 직접 만든 초능력의 예시입니다.

초능력	기능
회복의 신(신라 기술)	공을 잡으면 두 명을 부활시킬 수 있음
의자왕의 축복(백제 기술)	한 명을 맞히면 옆 친구도 함께 아웃
광개토대왕의 기상(고구려 기술)	상대 진영에 들어가 한 명을 맞힐 수 있음(다만, 한 번 쓰고 전성기 끝)

<초능력의 예>

전략회의

교실대첩의 룰을 이해했다면 역할카드를 랜덤으로 나눠주지 않고 전략회의를 통해

능력에 맞게 가져가게 합니다. 팀별로 모여 각 역할에 어울리는 성격이나 능력을 토의합니다. 예를 들어 암행어사는 목소리가 큰 학생, 논개는 적극적이고 빠른 학생, 왕과 여왕은 눈에 잘 띄지 않거나 가위바위보를 잘하는 학생이 어울립니다. 또한 왕과 여왕 주변에는 호위무사처럼 어떤 계급도 감옥으로 보낼 수 있는 논개를 따라다니게 하는 방식으로 전략을 구상하고 놀이를 합니다.

라인업학습 (3종)

끝까지 정신줄을 놓지마 !

선생님이 제시한 주제에 대해 브레인스토밍을 합니다. 주제에 맞는 각기 다른 답을 생각해야 합니다. 다 찾은 모둠은 선생님 앞에 줄을 섭니다. 그리고 차례대로 답을 이야기합니다. 마지막 학생은 긴장감 속에서 자신의 차례를 기다립니다. 드디어 자신의 순서가 되었습니다.

그런데, 아까 생각해 둔 단어가 도무지 생각나지 않습니다. 선생님의 단호한 '탈락' 소리와 함께 그제야 생각해 놓은 단어가 떠오릅니다.

이렇게 활용하세요!

- 수업 시작 후 10분 전시학습 내용 상기
- 수업 끝나기 10분 전 정리활동
- 국어 : 토의, 토론 등
- 수학 : 도형, 단위 등
- 사회, 과학 : 언제든지
- 창체
- 한글날

- ■ 준비물 : 없음
- ■ 소요시간 : 10~20분
- ■ 대형 : 모둠
- ■ 활동 형태 : 모둠
- ■ 교사 개입 : 20%

\<활동영상 보러가기\>

준비 ~

① 선생님은 단원에서 3~4개의 이상의 답이 나올 수 있는 주제를 여러 개 생각해 놓는다.

구분	예시
수학	삼각형, 평행사변형, 사다리꼴, 마름모 공식 말하기
	12의 약수 말하기
	길이의 단위 순서대로 말하기(mm - cm - m - km)
	2.5km를 변환해서 말하기(2.5km - 2,500m - 250,000cm - 2,500,000mm) 등
사회	구석기 시대 유물 및 특징 이야기하기(불 사용 - 동굴 생활 - 뗀석기 - 주먹도끼) 등
	계절별 기후의 특징 4가지, 온대·건조·열대·냉대 기후 특징 4가지 등
	각 대륙별 나라이름(아시아 대륙에 속한 나라 이름 4가지 말하기)
과학	사막에 사는 동물 이야기하기, 식물의 구조 이야기하기 등
토의	저출산 문제를 해결하기 위한 방법
	고령화 시대의 대처 방안
	우리 학급의 1인 1역으로 무엇을 정할까?

<라인업 학습 주제 예시>

② 모둠 대형으로 만든다.

시작 ~ !

① 선생님은 칠판에 주제를 제시한다.
　　예) 쌍떡잎식물

② 학생들은 주제에 해당하는 단어를 4개 생각한다. 만약 모둠원이 적으면 1명이 두 단어를 생각한다.

③ 단어를 모두 생각한 모둠은 선생님 앞으로 줄을 선다. 만약 다른 모둠이 이미 나와 있으면 그 뒤로 줄을 선다.

④ 선생님의 시작 신호와 함께 차례대로 단어를 이야기한다.
　　예) 강낭콩 - 봉선화 - 민들레 - 해바라기

⑤ 이때 선생님은 조금이라도 머뭇거리거나 1초 안에 답을 말하지 못하면 무조건 탈락을 외친다.

⑥ 1등으로 성공한 모둠은 칠판에 적힌 자기의 모둠 밑에 동그라미를 2개 그린다.

⑦ 2~3등으로 성공한 모둠은 동그라미 1개를 그린다.

⑧ 새로운 주제로 다시 시작한다.

주의 !

① 선생님에게 가까운 위치의 모둠이 유리하기 때문에 주제가 바뀔 때마다 위치를 이동해줍니다.

② 단호하게 1초 만에 땡을 외치고 약간의 머뭇거림도 허용하지 않는 것이 더 긴장감 있고 스릴 있는 분위기를 조성할 수 있습니다.

③ 모둠 내에서 단어를 생각할 때 다른 모둠이 듣지 못하게 소곤소곤 상의하며, 선생님께 답을 말할 때도 조용히 말합니다.

69 초성릴레이

(준비과정은 같으나 방식이 다소 상이하다.)

시작 ~ !

① 칠판에 초성 두 개를 적는다.

　　예) ㅅ ㅈ

② 학생들은 초성에 해당하는 낱말을 4개 생각한다.

③ 나머지 과정은 라인업학습과 같으며, 초성은 2글자에서 3글자까지 늘린다.

초성회전릴레이

시작 ~ !

① 모두 자리에 앉아서 시작한다.

② 선생님은 칠판에 초성 두 개를 적자마자 1모둠의 1번 학생부터 손가락으로 지목한다.

③ 1초 안에 초성에 해당하는 답을 말하면 1모둠의 2번, 답을 말하지 못하거나 틀리면 2모둠의 1번으로 빠르게 기회가 넘어간다. 역시 2모둠에서도 1초 안에 답을 말하지 못하면 3모둠의 1번으로 기회가 넘어간다.

④ 위와 같은 방식으로 모둠원 4명이 1초 안에 답하면 승리!

⑤ 1등 모둠이 나오면 다음 초성으로 넘어가며 바로 2모둠부터 시작한다.

🐧 이종대왕 TIP

비난금지법

선생님께 다급하게 말해야 하기 때문에 준비했던 단어를 잠시 잊을 수 있음에도 이를 비난하는 학생들이 있습니다. 놀이 전에 조금이라도 비난의 기미가 보이는 모둠은 감점을 주거나 단호하게 한 판에서 제외시킨다고 말합니다. 그리고 약간의 비난이라도 엄격하게 경고를 주세요. 놀이의 생명은 규칙입니다.

변신묵찌빠

환호와 탄식이 가득!

변신묵찌빠는 '알 - 병아리 - 닭 - 봉황'이 되는 기존의 놀이에서 '신'이라는 역할을 추가하여 끊임없이 회전할 수 있도록 변형한 교실놀이입니다. 재미도 재미이지만 여러 가지 학습주제에 응용할 수 있는 교실놀이 같은 학습놀이입니다. 다만, 교실이 너무 시끄러워질 수 있으니 옆 반에 양해를 구하거나 옆 반과 동시에 진행하는 것이 좋습니다. 선생님도 함께 참여해 보세요. 아이들이 소리지르는 이유를 충분히 공감할 수 있습니다.

이렇게 활용하세요!

- 수업 시작 후 10~20분 전시학습내용 상기
- 수업 끝나기 10~20분 전 정리활동
- 과학 : 배추흰나비의 한살이, 비가 내리는 과정 등
- 사회 : 산업의 발달단계 등
- 실과 : 나의 성장과 발달 등

- 준비물 : 없음
- 소요시간 : 10~20분
- 대형 : 전체
- 활동 형태 : 개인
- 교사 개입 : 5%

<활동영상 보러가기>

준비 ~

① 교실 앞에 의자를 5개 정도 놓는다.

② 각 단계를 알려주고 칠판에 게시한다.

　예) 알 - 병아리 - 닭 - 용 - 신

③ 각 단계에 맞는 동작을 함께 정한다.

구분	구호	동작
알	알!알!알!	양손을 머리 위로 알처럼 올렸다 내리기
병아리	삐약삐약	오리처럼 손을 입 앞으로 내밀기
닭	꼬꼬댁	손을 머리 위로 닭벼슬처럼 올리기
용	갑자기 용이 되면 아이들이 박장대소한다.	두 손을 크게 악어처럼 열었다 닫았다 하기
신	교실 앞의 의자에 앉기	두 손을 모은 도사 포즈

<변신묵찌빠 각 단계별 구호와 동작>

시작 ~ !

① 모두 알에서 시작한다. 알의 동작과 구호를 외치며 돌아다닌다.

② 다른 알을 만나 묵찌빠 대결을 한다.

③ 이긴 학생은 병아리가 되어 병아리 동작과 구호를 하며 돌아다닌다.

④ 병아리는 같은 병아리끼리만 만나 묵찌빠 대결을 할 수 있다. 즉, 같은 단계끼리만 대결을 할 수 있다.

⑤ 이기면 '닭 → 용'이 되고, '용에서도 이기면 교실 앞의 의자에 앉아 신'이 된다.

⑥ 신의 의자가 꽉 차면 다음 학생은 신 중 한 명과 묵찌빠 대결을 하며, 이긴 학생은 의자에 앉고 진 학생은 다시 알이 된다.

⑦ 어떤 단계에서도 지면 다시 알이 되어 처음부터 시작한다(킬링 포인트).

⑧ 타이머가 끝났을 때 의자에 앉은 신들이 승리한다.

주의!

① 구호까지 하면 굉장히 시끄럽습니다. 염려가 될 때에는 동작만 하는 것을 추천합니다.

② 신의 자리에 앉은 학생이 도전자를 거부하는 경우가 있습니다. 도전자가 선택하면 무조건 도전에 응해야 하며, 거부할 시 자동으로 알로 강등됩니다.

🐧 이종대왕 TIP

가장 활발한 학습놀이

변신묵찌빠는 다양한 교과의 학습주제로 응용할 수 있습니다. 아래 예시는 변신묵찌빠를 응용한 사례이며, 이외에도 얼마든지 응용할 수 있습니다.

구분	구호	동작
알	알!알!알!	양손을 머리 위로 알처럼 올렸다 내리기
애벌레	꼬물꼬물	손으로 요리조리 애벌레처럼 다니기
번데기	뻔!뻔!뻔	한 손을 번쩍 들고 점프하며 다니기
배추흰나비	훨~훨~	날갯짓하며 다니기
배추도사	교실 앞의 의자에 앉기	두 손을 모은 도사 포즈

<배추흰나비의 한 살이에 응용>

구분	구호	동작
농업, 어업, 임업	영차~영차~	농부 모내기나 어부 낚시, 나무꾼 도끼 동작
경공업	다다다다다다다	오른손 검지를 왼손 바닥에 미싱처럼 찌르기
중공업	붕~붕~	자동차 운전
첨단산업	로봇 소리	로봇 흉내
서비스업	공손하게 목례하며 "어서 오십시오. 손님!"	교실 앞의 의자에 앉기

<산업의 발달에 응용>

구분	구호	동작
영아기	응애응애	기어 다니기
유아기	헤헤 헤헤	앉아서 다니기
청년기	요 맨 와썹~	망치춤 추며 다니기
성인	안녕하십니까!	(사회생활) 만나면 깍듯이 인사
노년기	도전자가 오면 할아버지 목소리로 "이놈들~~~~!"	교실 앞의 의자에 앉기

<나의 성장과 발달에 응용>

너무 시끄러워 옆 반에 피해줄까 걱정돼요

교실놀이는 아무래도 옆 반 수업에 방해가 될 수 있습니다. 그럴 땐 미리 양해를 구하거나 놀이 방법을 설명해드리고 같은 시간에 동시 진행하는 것이 좋습니다.

부탁하기 부담스럽다면 옆 반의 전담시간을 창체로 배정하고 창체 시간에 교실놀이를 합니다.

72 히든싱어

기악, 가창은 물론 감상까지!

초등학생들은 학년이 올라갈수록 목소리 크기가 점점 줄어듭니다. 발표뿐만 아니라 음악시간만 되면 거의 기어들어가는 목소리로 겨우겨우 노래를 부릅니다. 선생님은 이것저것 다양한 방법으로 노력해보지만 한번 내려간 목소리를 다시 올리는 것은 쉬운 일이 아닙니다.

이번 활동은 음악과 놀이를 융합하여 부끄럽지 않고 신나게 노래를 부를 수 있는 활동입니다.

이렇게 활용하세요!

• 음악의 가창, 기악, 감상영역

■ 준비물 : 없음
■ 소요시간 : 20분
■ 대형 : 모둠
■ 활동 형태 : 모둠
■ 교사 개입 : 10%

<활동영상 보러가기>

준비 ~

① 뽑기 프로그램으로 술래 모둠을 정한다.

② 술래 모둠은 교실 밖으로 나가 '히든싱어'를 한 명 선정한다. 이때 복도에서 말하면 들리기 때문에 조용히 말하거나 '하나 둘 셋!'에 한 명을 지목하여 과반수로 '히든싱어'를 선정한다.

시작 ~ !

① 술래 모둠은 교실에 들어와 칠판을 보고 선다. 이때 음악 교과서를 들고 있다.

② 선생님이 반주를 틀면 술래 모둠은 노래를 부르며 선정된 '히든싱어'는 노래를 부르지 않는다.

③ 나머지 모둠은 '히든싱어'를 추측하며 노래를 끝까지 감상한다.

④ 노래가 끝나면 보드판에 '히든싱어'의 이름을 적는다.

⑤ 정답 공개 후 추측에 성공한 모둠은 1점을 획득한다.

⑥ 그다음 술래 모둠이 교실 밖으로 나가서 위와 같이 진행한다.

주의 !

① 술래 모둠의 노래를 가까이서 들을수록 더 유리하기 때문에 노래를 부르는 위치를 각각 다르게 합니다.
  예) 1모둠은 창가 쪽, 2모둠은 칠판 앞, 3모둠은 복도 및 창가 쪽

복면히든싱어

　미술시간에는 만들기를 한 뒤 히든싱어에 활용합니다. 이때에는 뒤돌아서지 않고 앞을 보고 노래합니다. 따라서 가면의 입 부분은 뚫지 않습니다. 우스꽝스러운 가면을 쓴 친구들이 노래를 부르는 모습에 웃음이 절로 나오며 더 실감나게 히든싱어를 즐길 수 있습니다.

숨은 연주가

　뒤돌아 노래 부르는 대신 앞을 보고 리코더 등의 악기를 연주합니다. 이때 숨은 연주가를 한 명 정합니다. 숨은 연주가는 온갖 표정 연기와 몸부림(?)으로 연주하는 척만 하며 감상하는 친구들을 속여야 합니다. 히든싱어보다 더 술래를 찾기 어려워 흥미진진합니다.

<활동영상 보러가기>

73 콕콕 음표릴레이

음악 지식도 쉽게 놀이로 !

요즘 초등학생들은 피아노 학원을 다니지 않는 이상 음표도 제대로 모르는 경우가 많습니다. 주당 2시간밖에 없는 음악수업시간에 가창과 기악뿐 아니라 음악적 지식까지 가르치는 것은 여간 힘든 일이 아닐 수 없습니다. 즐거운 기악과 가창수업을 기대한 학생들도 이론 수업을 하면 실망을 하고 지루해 합니다. 하지만 놀이를 통해 음악 지식을 알려준다면 아이들의 반응도 달라지겠죠?

이렇게 활용하세요!

• 음악 리듬꼴, 박자

■ 준비물 : 없음
■ 소요시간 : 20분
■ 대형 : 전체
■ 활동 형태 : 팀전
■ 교사 개입 : 20%

<활동영상 보러가기>

준비 ~

① 각 음표의 박자를 설명하고 몇 차례 연습한다.

② 선생님은 뒤에 서서 리듬꼴을 한 개 그린다.

<리듬꼴을 그려놓거나 미리 준비>

③ 맨 뒷줄의 학생들 모두 뒤에 있는 선생님 주위로 모인다.

④ 선생님이 그린 리듬꼴을 확인하고 제자리로 돌아간다.

시작 ~ !

① 시작하면 앞에 있는 학생의 등을 콕콕 찌르며 리듬꼴을 표현한다. 2분음표는 길게 콕 누르고, 4분음표는 보통으로 콕 누르고, 8분음표는 짧게 콕 누르는 식으로 각 음표의 박자를 표현한다.

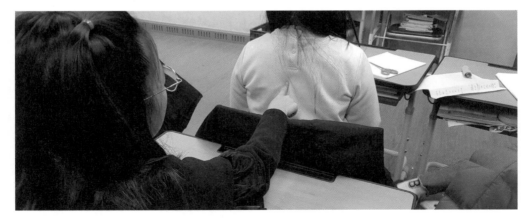

<손가락으로 앞 학생의 등을 누르며 박자를 표현하는 모습>

② 이해를 하지 못했으면 다시 전달할 수 있다.

③ 전달받은 학생은 앞사람에게 전달하는 방식이며 가장 앞의 학생까지 전달한다.

④ 맨 앞사람은 전달받은 음표를 종이에 그린다.

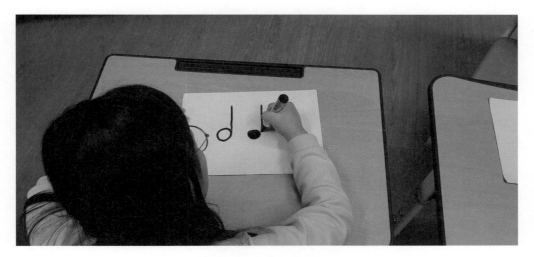

<맨 앞 사람이 음표를 그리는 모습>

⑤ 정답을 확인 후 맞힌 줄에 1점을 준다.

⑥ 점수 체크가 끝나면 맨 앞의 학생이 맨 뒤로 가서 앉고 모두 한 칸씩 앞으로 이동하여 자리를
바꾼다.

⑦ 맨 뒤의 학생이 선생님이 적은 문제를 확인하고 시작한다.

주의 !

① 잘 모르는 학생들을 위해 칠판에 각 음표의 박자를 적어둡니다.

② 제재곡에 자주 나온 리듬꼴을 활용할 수 있습니다.

몸으로 체득하는 지식

　머릿속으로 박자를 차근차근 세며 손가락으로 눌러보는 활동을 통해 각 음표의 박자 길이는 물론 리듬에 대한 감각도 익힐 수 있습니다. 처음 2~3판은 틀리지만 점점 정답에 근접해 나가면서 하나가 되는 느낌도 경험할 수 있는 좋은 활동입니다.

인싸아싸찾기 (2종)

누구나 인싸, 아싸가 되는 활동 !

어색한 가창시간! 뻔하고 지루한 감상시간!

시간표에 음악이 보일 때마다 고민하시는 선생님들을 위한 음악놀이 두 가지를 소개합니다.

아이들의 노랫소리가 자연스럽게 커지고 표현능력이 극대화되는 신비한 놀이!

교실을 웃음바다로 만들고 싶다면 오늘 바로 이 놀이를 추천합니다.

이렇게 활용하세요!

• 음악의 가창영역

- ■ 준비물 : 없음
- ■ 소요시간 : 20~30분
- ■ 대형 : 전체
- ■ 활동 형태 : 개인
- ■ 교사 개입 : 5%

인싸아싸찾기

<활동영상 보러가기>

74 아싸찾기

준비 ~

① 음악시간에 배운 노래를 한 곡 정한다.

② 술래를 한 명 정한다.

③ 술래는 교실 밖으로 잠시 나간다.

④ 뽑기 프로그램으로 술래 몰래 아싸를 한 명 선정한다.

시작 ~ !

① 노래가 시작되면 술래는 다시 교실로 들어오고 나머지 학생들은 노래를 시작한다.

② 술래는 교실을 천천히 돌아다니고, 나머지 학생들은 술래가 아싸에게 가까워질수록 노래를 점점 크게 부르며, 술래가 아싸에게 멀어질수록 노래를 점점 작게 부른다.

③ 이때 아싸는 립싱크를 하며, 노래 부르는 흉내만 낸다.

④ 노래가 다 끝나면 술래는 립싱크를 하는 아싸를 지목한다.

주의 !

① 아이들이 목소리 크기 조절하는 것을 어려워할 수 있습니다. 술래가 아싸에게 가깝고 멀 때의 목소리 크기를 활동 전에 가볍게 연습해봅니다.

② 술래가 고개를 숙이고 친구들의 입에 귀를 가까이 대는 것은 반칙입니다. 허리를 펴고 다니며 아싸를 찾아야 합니다.

시작~!

① 음악시간에 배운 노래를 한 곡 정한다.

② 술래는 2명 선정한다.

③ 술래들은 교실 밖으로 잠시 나간다.

④ 술래 몰래 인싸 1명을 선정한다. 이때 인싸는 희망자로 선정한다.

⑤ 술래들이 다시 교실로 들어오면 노래가 시작된다.

⑥ 인싸로 뽑힌 학생은 노래에 맞춰 춤을 추고, 나머지 학생들은 인싸가 추는 춤을 따라 한다.

⑦ 술래는 인싸가 누군지 노래가 끝난 후 지목한다.

주의!

① 인싸를 보면서 동작을 따라 하면 술래가 금방 눈치챌 수 있습니다. 술래의 눈을 피해 조심스
럽게 곁눈질로 인싸의 동작을 확인하고 따라 합니다.

② 인싸는 한 노래에 다른 동작을 최소 3개 이상 해야 합니다.

다양한 응용 방식

아싸찾기의 경우 학생 한 명을 아싸로 선정하는 대신 물건 한 개를 교실 어딘가에 숨겨
두고, 술래가 물건에 가까워지면 노래를 크게 부르고 멀어지면 노래를 작게 부르는 식으

로 변형할 수 있습니다. 또한 아싸나 물건에 가까워질수록 박수를 빠르게, 멀어질수록 느리게 치는 방식도 있습니다.

인싸찾기의 경우 전체 대형이 아닌 원 대형으로 하면 새롭습니다. 원 대형으로 둥글게 앉아 서로가 잘 보이는 상태에서 한 친구의 동작을 따라 하면 술래는 더욱 인싸를 찾기 힘듭니다.

전통놀이 5종 경기 (2종)

그 흔한 공기가 어쩌다 …

　3학년 국어에 전통놀이에 대한 지문이 제시되어 창체시간에 공기놀이대회를 했습니다. 당연히 공기놀이를 잘하겠지~ 생각하고 설명 없이 바로 시작하려는데, 아이들이 "선생님 공기가 뭐예요?"부터 시작해서 1단의 1알도 제대로 잡지 못하는 아이들을 보며 적지 않게 충격을 받았습니다. '아! 요즘 아이들은 공기도 접해보기 힘들구나!' 공기도 가르쳐야 하는 시대인가 봅니다.

이렇게 활용하세요!

• 전통놀이가 주제로 제시되는 모든 교과의 차시

■ 준비물 : 공기 5세트, 나무젓가락, 주사위 공(푹신한) 또는 우유갑, 윷, 딱지
■ 소요시간 : 30~40분
■ 대형 : 모둠
■ 활동 형태 : 모둠
■ 교사 개입 : 20%

전통놀이5종

〈활동영상 보러가기〉

전통놀이 5종 경기

준비 ~

① 미술 시간에 딱지를 접어놓는다(또는 과제로 부모님과 딱지 만들기).

② 공기 하는 법과 윷놀이에서 도, 개, 걸, 윷, 모에 대한 설명을 미리 한다.

③ 칠판이나 PPT에 각 종목에 대한 성공 기준을 제시한다.

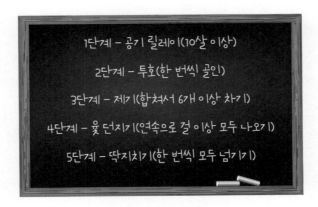

1단계 - 공기 릴레이(10살 이상)

2단계 - 투호(한 번씩 골인)

3단계 - 제기(합쳐서 6개 이상 차기)

4단계 - 윷 던지기(연속으로 걸 이상 모두 나오기)

5단계 - 딱지치기(한 번씩 모두 넘기기)

<칠판에 종목과 기준 제시>

시작 ~!

① 1단계 공기릴레이는 돌아가며 공기놀이를 하여 10살 이상을 먹으면 통과이다. 모둠의 1번 학생부터 시작하고 1번 학생이 탈락한 시점부터 2번 학생이 하는 식으로 릴레이로 진행하며, 10살 이상을 먹으면 된다. 개인전이 아니라 모둠원들이 협동해서 하는 공기 형식이다.

예) 1번 학생이 3단에서 탈락하면 2번 학생은 3단부터 시작

② 1단계를 통과하면 2단계는 투호경기를 한다. 교실의 네 귀퉁이에 바구니를 내려놓고 열 걸음 뒤에서 나무젓가락을 던진다. 모두가 한 번씩 성공하면 통과이다.

③ 3단계 제기차기는 모둠원들이 돌아가며 6개 이상 제기차기를 하면 성공이다. 제기는 주사위 공(푹신푹신한 주사위 인형)이나 빈 우유갑을 깨끗이 씻어 활용하면 된다.

④ 4단계 윷 던지기는 모둠원들이 돌아가며 윷을 던져 연속으로 '걸' 이상이 나오면 통과이다. 즉 모두 '걸, 윷, 모' 중 한 개가 나와야 성공이다. 이때 책상에 겉옷을 깔고 윷을 던져 소음이 발생하지 않도록 한다.

⑤ 5단계 딱지치기는 딱지를 쳐서 넘기면 성공이다. 모두가 한 번씩 딱지를 넘기면 통과이다.

주의!

① 각 단계의 통과기준은 미리 연습해 보고 아이들의 실력을 파악한 후 융통성 있게 정합니다. 제가 맡은 3학년 아이들은 공기놀이에서 1단도 제대로 못해 1단의 1알만 한 번씩 성공해도 통과하게 했습니다. 나머지 단계들도 미리 연습해 보고 통과기준을 정합니다.

구분	통과 기준	예시
공기놀이	몇 살 늘리거나 줄이기	3~20살까지 먹기
	몇 단까지만 성공하기	2~4단까지만 성공하기
	1단의 몇 알까지 성공하기	1단의 1~4알 잡기 성공
투호	발걸음 늘리거나 줄이기	5~10걸음 뒤에서 던지기
	연속으로 성공하기	연속으로 모두 성공하기
	한 번씩 성공하기	한 번씩 모두 성공하기
제기차기	제기 차는 횟수 늘리거나 줄이기	5~10번
윷 던지기	통과 기준 바꾸기	걸~윷 이상 성공하기
	연속으로 성공하기	연속으로 모두 걸 이상 나오기
	한 번씩 성공하기	한 번씩 모두 윷~모 나오기
딱지치기	연속으로 성공하기	딱지 연속으로 한 번씩 넘기기
	한 번씩 성공하기	딱지 한 번씩 모두 넘기기

<각 단계의 난이도 조절>

<활동영상 보러가기>

시작 ~ !

① 칠판이나 PPT에 각 종목별로 성공 기준을 제시한다.

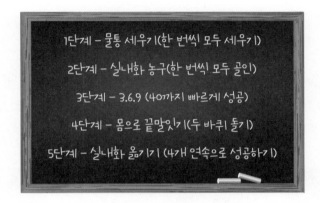

1단계 - 물통 세우기(한 번씩 모두 세우기)

2단계 - 실내화 농구(한 번씩 모두 골인)

3단계 - 3.6.9 (40까지 빠르게 성공)

4단계 - 몸으로 끝말잇기(두 바퀴 돌기)

5단계 - 실내화 옮기기 (4개 연속으로 성공하기)

<칠판에 종목과 기준 제시>

② 1단계 물통 세우기는 물이 반쯤 들어있는 500㎖ 물통을 모둠마다 한 개씩 준비한 뒤, 직각으로 위로 던져 물통이 책상 위에 세워지면 성공이며 모두 한 번씩 성공하면 통과이다.

<1단계 물통 세우기 장면>

③ 2단계 실내화 농구는 교실의 네 귀퉁이에 바구니를 내려놓고 열 걸음 뒤에서 실내화를 차서 모두가 한 번씩 골인시키면 통과이다.

④ 3단계 3.6.9는 40까지 성공하면 통과이다.

⑤ 4단계 몸으로 끝말잇기는 말 없이 몸으로 표현하는 끝말잇기를 하여 두 바퀴까지 성공하면 통과이다.

예) 첫 번째 학생이 몸으로 '지렁이' 표현

두 번째 학생이 지렁이의 '이'로 시작하는 '이불'

세 번째 학생이 '불'로 시작하는 '불고기'

⑥ 5단계 실내화 옮기기는 '실내화 농구'를 했던 바구니 옆으로 모둠원들이 바닥에 앉고 발만 바닥에서 띄운 뒤 발에서 발로 실내화를 전달하여 바구니에 골인시킨다. 연속으로 4골을 성공해야 통과이며 중간에 떨어뜨리면 처음부터 다시 한다.

<발에서 발로 실내화를 옮기는 장>

 **이종대왕 TIP**

Class Record 활동

먼저 미션을 완료한 모둠은 'C.R.' 활동을 합니다. C.R.은 Class Record의 약자로 세계

신기록인 W. R. 이 아닌 학급 신기록인 C. R. 을 뜻합니다. 모든 단계를 통과한 모둠은 스마트폰의 초시계를 이용하여 각 단계를 몇 초 만에 통과하는지 기록을 다시 측정합니다. 그리고 그 결과를 칠판에 적습니다.

학급 신기록 C.R.				
공기놀이	투호	제기차기	윷 던지기	딱지치기
3분10초(1모둠)	1분20초(1모둠)	40초(1모둠)	3분(1모둠)	5분(1모둠)

<가장 먼저 끝낸 1모둠이 기록을 적은 모습>

뒤따라 모든 단계를 통과한 모둠도 C. R. 활동을 하여 다른 모둠의 기록을 경신하면 칠판에 고쳐 적습니다.

학급 신기록 C.R.				
공기놀이	투호	제기차기	윷 던지기	딱지치기
~~3분 10초(1모둠)~~ 2분 55초(3모둠)	~~1분 20초(1모둠)~~ 1분 2초(2모둠)	40초(1모둠)	~~3분(1모둠)~~ 2분 22초(5모둠)	5분(1모둠)

<다른 모둠이 기록을 경신한 장면>

우리가 만드는 5종 경기

아이들의 의견을 받아 우리 반에서 유행하는 놀이들을 철인 5종 경기에 포함할 수 있습니다. 예를 들어 저희 반 아이들은 '브롤딱지치기'를 좋아하여 종목에 넣었더니 열기가 후끈 달아오르는 장면이 연출되었습니다.

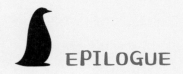

EPILOGUE

　이종혁 선생님의 원고를 검토하며 접하게 된 콘텐츠들은 기존에 갖고 있었던 놀이에 대한 고정관념을 깨부수기 충분했다. 그동안 놀이의 다양한 효과에 대하여 공감하고 있었지만 승부 자체에 연연하는 아이들의 모습이 마음에 걸려 교과학습까지 놀이를 접목한다는 것이 다소 부담스러웠다. 그런데 원고 검토 전 이종대왕 유튜브를 통해 알게 된 선생님의 교실은 예상과 다르게 평화로웠고 놀이로 진정한 '학습'이 일어나고 있었다. 학생들의 표정은 늘 밝았으며 선생님의 개입 없이도 자발적으로 공부하고 있었던 점이 매우 놀라웠다. 우리 아이들도 이렇게 재미있는 학습을 할 수 있을지 하루빨리 적용해 보고 싶어 선생님의 각종 놀이를 수업목표에 맞도록 적용해 보았다.

　그 결과 그동안의 우려가 기우였음이 밝혀질 정도로 아이들은 놀이수업에 열광적으로 임했다. 수업에 대한 기대감으로 눈빛을 반짝이며 교과 수업을 기다리는 지경에 이르게 되었다. 몇 번 연습 과정을 거쳐 놀이 절차를 익히니 교사의 개입 없이도 스스로 퀴즈 문제를 만들고 즐겁게 공부한다. 놀이를 하며 일으킬 수 있는 사소한 다툼, 반칙에 대한 지도법도 사전에 이종혁 선생님이 제시한 바와 같이 공지하니 수업 중 당황하거나 기타 요소에 힘을 쏟을 일이 없다. 놀이로 인하여 학급 경영 비법까지 절로 얻게 된 기분이었다.

　이처럼 학생들도 굉장히 즐거워했지만 교사로서도 굉장히 만족스러운 수업이었다. 학습주제를 쉽게 놀이에 적용할 수 있어 편하게 수업 준비를 할 수 있게 되었으며 아이들의 폭발적인 반응에 절로 힘을 얻곤 했다. 이종대왕 놀이의 묘미는 같은 테마더라도 변형 요소가 가미되어 있어 항상 새롭고 더욱 재미있게 느껴지는 점이라서 교사 또한 지켜보는 것만으로도 신이 나게 만들었다. 이러한 놀이수업으로 재미있는 공부, 기다려지는 학교를 만들어주셔서 감사하다는 학부모 만족도 조사에서도 알 수 있을 정도로 놀이수업의 효과는 실로 위대하다.

　놀이수업 방법 및 효과에 대해서 고민하고 있던 선생님들이라면 본 도서를 십분 활용하면 분명 놀이의 효과를 톡톡히 볼 수 있을 것이라 확신한다. 놀이의 취지에는 공감하지만 수업 적용에 어려움이 있다면 책에 수록된 유튜브 QR코드를 참고하는 것도 방법이다. 자칫 매너리즘에 빠질 수 있는 시기를 수업에 대한 열정으로 다시 가득 채울 수 있게 동기를 불어넣어 주신 이종대왕님께 감사를 표하는 바이다.

한 줄기 햇빛이 비치는 교실에서

이보은